كتاب الطبخ الأخضر للشواء

100 وصفة لذيذة ومستدامة لشواءك. دليل شامل ل
شواء صديق للبيئة

دشرلا يواضم

جدول المحتويات

مقدمة

كتاب ءاوشلل رضخلأا خبطلا باتك هو الدليل النهائي للشواء الصديق للبيئة. مع 100 وصفة لذيذة ، لن تنفد أبدًا من الأفكار لإعداد وجبات لذيذة ومستدامة على الشواية. من الخيارات النباتية والنباتية إلى خيارات اللحوم المستدامة ، يحتوي كتاب الطبخ هذا على شيء للجميع.

كل وصفة مصحوبة بتعليمات مفصلة ، بما في ذلك نصائح حول كيفية الشواء بشكل مستدام وتقليل البصمة الكربونية. ستتعلم كيفية اختيار أفضل المكونات المستدامة ، وكيفية الشواء بدون الفحم أو البروبان ، وكيفية إعداد وجبات لذيذة وصحية مفيدة لك وللكوكب.

بالإضافة إلى الوصفات ، يتضمن كتاب ءاوشلل رضخلأا خبطلا باتك معلومات عن ممارسات الشواء الصديقة للبيئة ، مثل استخدام الأطباق والأواني القابلة لإعادة الاستخدام أو القابلة للتحلل البيولوجي ، وتقليل النفايات عن طريق التسميد وإعادة التدوير. مع صور مذهلة بالألوان الكاملة لكل وصفة ، سيلهمك كتاب الطبخ هذا لإعداد وجبات لذيذة ومستدامة على مدار السنة.

سواء كنت شواءًا ذا خبرة أو مبتدئًا ، فإن كتاب الطبخ الأخضر للشواء هو موردك المفضل للشواء الصديق للبيئة. مع 100 وصفة لذيذة وإرشادات الخبراء ، سوف تطهو وجبات صحية ومستدامة على الشواية الخاصة بك في أي وقت من الأوقات.

الإفطار والبرانش والبيض

1. خبز مشوي وسلطة طماطم كرزية

يجعل: 1 حصة

مكونات:
● 1 فص ثوم صغير مفروم 1
● ربع كوب خل بلسميك 75 مل
● 1½ ملعقة كبيرة زيت زيتون 20 مل
● نصف ملعقة صغيرة فلفل 1 مل
● ملح للتذوق
● 2 ملاعق طعام من الثوم المعمر الطازج أو البصل الأخضر
● ربع كوب ريحان طازج مفروم
● 6 قطع خبز فرنسي أو إيطالي
● 4 أكواب طماطم كرزية. نصف

تعليمات:
a) يُمزج الثوم والخل والزيت والفلفل والملح في وعاء خلط صغير. أضيفي الريحان والثوم المعمر.
b) اشوي الخبز أو نخبّه
c) قطع كل قطعة إلى قطع.
d) يُمزج الخبز مع الطماطم الكرزية والتتبيلة في وعاء للخلط.
e) إذا لزم الأمر ، تذوق واضبط التوابل.

2. كريب نباتي

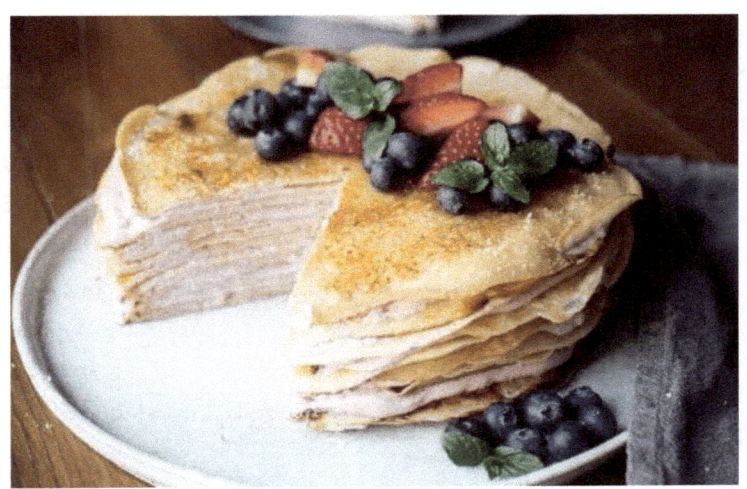

10 كريب

مكونات:

- 1 13 كوب حليب صويا عادي أو فانيليا
- 1 كوب دقيق لجميع الأغراض
- $^{1}3$ كوب من التوفو ، مصفى ومفتت
- 2 ملاعق كبيرة سمن نباتي مذاب
- 2 ملاعق كبيرة سكر
- 11/2 ملعقة صغيرة من خلاصة الفانيليا النقية
- ^{1}نصف ملعقة صغيرة بيكنج بودر
- $^{1}8$ ملعقة صغيرة ملح
- الكانولا أو أي زيت محايد آخر ، للطبخ

تعليمات:

اجمع كل المكونات

a) ماعدا زيت القلي) في الخلاط حتى تصبح ناعمة.

b) سخن مقلاة غير لاصقة أو صينية كريب على نار متوسطة إلى عالية.

c) صب 3 ملاعق كبيرة من الخليط في وسط صينية الخبز وقم بإمالة المقلاة لتوزيع الخليط برفق.

d) يُطهى حتى يصبح لونه بنياً ذهبياً على كلا الجانبين ، مع التقليب مرة واحدة.

e) ضع الخليط المتبقي على صينية واستمر في العملية ، قم بتزيت المقلاة حسب الحاجة

3. بيض على الشواية

يجعل: 6

مكونات:
● 12 بيضة

تعليمات:
a) سخن الشواية الخارجية على درجة حرارة متوسطة إلى عالية.
b) قم بتغطية قالب الكعك برذاذ الطهي وكسر بيضة في كل حفرة.
c) اطهيه على الشواية لمدة دقيقتين أو حتى ينضج حسب رغبتك.

4. فطائر البطاطس المشوية

يجعل: 100 حصة
مكونات:

- 1 كوب زبدة
- 9 بيضات
- 1 كوب حليب
- 22 رطلاً من البطاطس المسلوقة بماء مملح
- ½4 كوب خبز
- ½1 ملعقة صغيرة فلفل أسود
- 2 ملاعق كبيرة ملح

تعليمات:

a) تُمزج البطاطس في طبق الخلاط على سرعة منخفضة لمدة دقيقة واحدة أو حتى تكسر إلى قطع أصغر.
b) أضف الفلفل والزبدة أو السمن. يُمزج المزيـج لمدة 3 إلى 5 دقائق ، أو حتى يصبح ناعمًا تمامًا.
c) إعادة تكوين الحليب الحرارة لينضج اخلطيها مع البطاطس على سرعة منخفضة ، ثم أضيفي البيض الذي تم خلطه بالكامل.
d) تشكل في شكل فطائر وتجرف في فتات الخبز.
e) تُشوى لمدة 3 دقائق لكل جانب على صينية مدهونة قليلاً بالزيت أو حتى يصبح لونها بنياً ذهبياً.

5. بورسيني مشوي مع صفار البيض

يجعل: 4 حصص

مكونات:

- 2 رطل من بورسيني طازج
- 3 ملاعق كبيرة زيت زيتون بكر ممتاز
- 2 ملعقة طعام
- 4 بيض جامبو

تعليمات:

a) يقطع الفطر إلى شرائح ويتبل بالملح والفلفل.
b) ضع الفطر على الشواية واطهيه لمدة دقيقتين لكل جانب.
c) في غضون ذلك ، سخني الزيت المتبقي في مقلاة غير لاصقة حتى يبدأ في التدخين.
d) اكسر البيض في المقلاة واطبخه حتى يتماسك البياض.
e) ارفعي المقلاة عن النار واتركيها جانباً لمدة 3 دقائق. ضع الفطر في طبق التقديم.
f) اقطع بياض البيض ورتب الصفار بعناية فوق الفطر ، وقدميه على الفور.

6. خبز الذرة المشوي

يصنع: 8 شرائح
مكونات:

● 1 كوب دقيق الذرة
● 1 كوب دقيق
● 2 ملعقة شاي مسحوق الخبز
● 4/3 ملاعق صغيرة ملح
● 1 كوب حليب
● 4/1 كوب زيت نباتي

تعليمات:
اخلطي المكونات الجافة. اخلطي الحليب والزيت النباتي.

a) تصب في صينية مدهونة بالزيت.
b) اطبخي حتى يصبح المركز متماسكًا.

7. تفاح مشوي محشو بالجرانولا

يصنع: 4 حصص

مكونات:
- 2 1/1 كوب جرانولا نباتي محضّر في المنزل
- 2 ملاعق كبيرة زبدة الفول السوداني أو زبدة اللوز
- 1 ملعقة كبيرة سمن نباتي
- 1 ملعقة كبيرة شراب القيقب النقي
- 2 1 ملعقة صغيرة قرفة مطحونة
- Granny Smith أو غيره من أنواع التفاح المخبوزة
- 1 كوب عصير تفاح

تعليمات:
a) سخني الشواية إلى 350 درجة فهرنهايت.
b) ضعي صينية مدهونة جانباً.
c) يُمزج الجرانولا وزبدة الفول السوداني والسمن النباتي وشراب القيقب والقرفة في وعاء خلط متوسط الحجم.
d) نقطع التفاح إلى نصفين ونحشى خليط الجرانولا في التجاويف وتعبئتها بعناية.
e) اقلب التفاح في المقلاة الجاهزة. يُسكب عصير التفاح فوق التفاح ويُشوى لمدة ساعة أو حتى يصبح طريًا. يقدم ساخنا.

8. أفوكادو و بيض مشوي

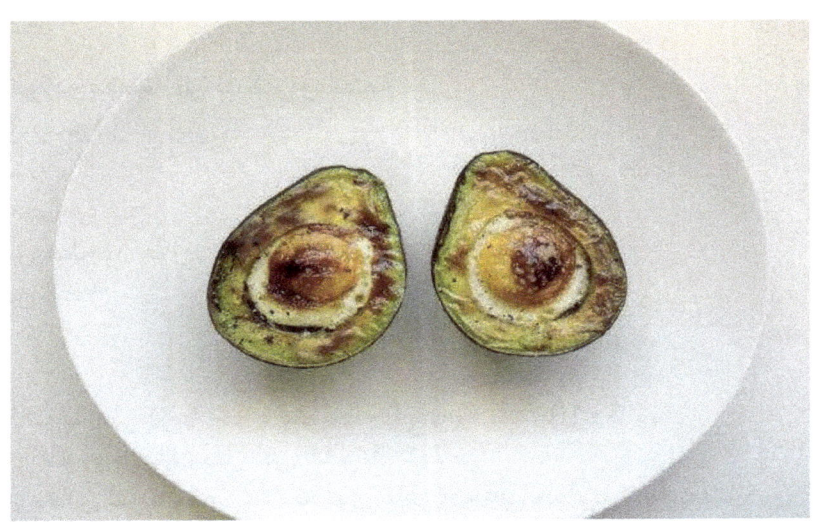

يجعل: 4

مكونات:
- 2 حبة أفوكادو مقطعة إلى نصفين ومقطعة
- 2 ملاعق صغيرة زيت زيتون
- 4 بيضات
- 1 ملعقة صغيرة ملح
- رشة فلفل مطحون طازج
- البقدونس الطازج

تعليمات:
a) سخني الشواية على درجة حرارة متوسطة إلى عالية لمدة 10 دقائق.
b) ضع الأفوكادو ووجهها لأسفل على الشواية. غطاء.
c) بعد عشر دقائق تقريبًا ، يجب أن تحتوي الأفوكادو على خطوط شواء ممتازة.
d) أخرجي الأفوكادو وضعيها في صينية ألومنيوم.
e) اكسر بيضة في وعاء صغير أوكوب ، ارفع الصفار بملعقة وضعه في وسط كل حبة أفوكادو.
f) توضع الصينية على الشواية وتُطهى لمدة 12 دقيقة أو حتى ينضج الصفار تمامًا.

9. بيض مدخن

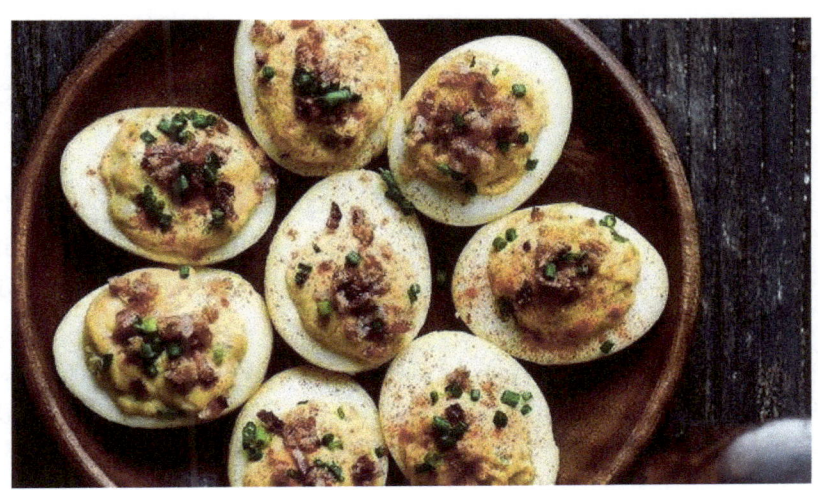

صنع: 12 بيضة

مكونات:
● 12 بيضة

تعليمات:
a) سخن المدخن إلى 325 درجة فهرنهايت.
b) يُطهى البيض لمدة 30 دقيقة على الشواية مع إغلاق الغطاء.
c) أخرج البيض المطبوخ واغمره على الفور في حمام جليدي.
d) اخفض الحرارة إلى 175 درجة فهرنهايت.
e) دخن لمدة 30 دقيقة على الأقل ، أو لمدة ساعة للحصول على نكهة دخان أقوى.
f) قدمي البيض السادة مع توابل الباربكيو أو البيض المقلي المدخن.

10. بيض في خبز

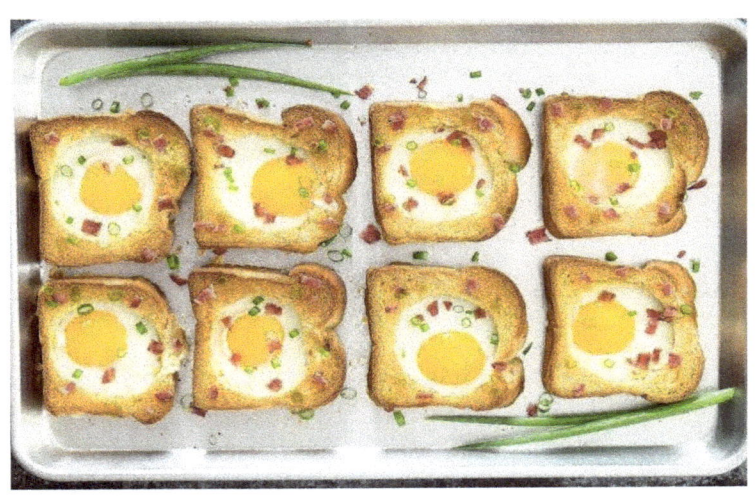

يجعل: 1

مكونات:
- شريحة خبز للشخص الواحد
- 1 ملعقة كبيرة زيت أو زبدة
- بيضة واحدة لكل شخص

تعليمات:
a) باستخدام قطاعة بسكويت أو زجاج أو قطاعة بسكويت ، اصنع ثقبًا في منتصف الخبز.
b) قم بزيت لوح تسخين أو صينية شواء وقم بتسخينها إلى درجة متوسطة. على لوح التسخين ، ضع الخبز.
c) في الحفرة ، اكسر البيضة.
d) يُطهى لمدة 3 دقائق ، أو حتى يصبح قعر البيضة متماسكًا.
e) لإنهاء الطهي ، اقلب الخبز مع البيضة على الجانب الآخر لمدة دقيقتين.
f) يخدم.

11. راب فطور فونتينا وخضروات مشوية

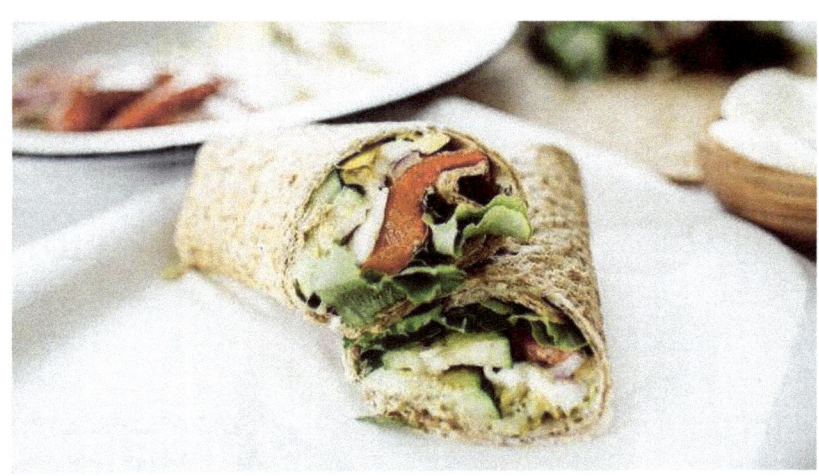

يجعل: 2 حصص

مكونات:
- ربع كوب مايونيز
- ربع كوب من أوراق الريحان المقطعة
- عصير 1 ليمونة
- 1 كوسة
- 1 أحمر ؛ الفلفل الأصفر أو البرتقالي ، أرباع
- 2 شرائح بصل أحمر
- زيت الزيتون
- ملح وفلفل
- 2 كوب خس رومين مبروش
- ½ رطل من جبن فونتينا ؛ مبشور
- 2 تورتيلا طحين كبير

تعليمات:
a) في وعاء صغير ، اخلطي المايونيز والريحان وعصير الليمون.
b) ضع زيت الزيتون على الخضار. اضف الملح والفلفل للمذاق.
c) على شواية متوسطة الحرارة ، رتب الخضار.
d) طهي لمدة 2 إلى 3 دقائق أخرى لكل جانب.
e) انشر خليط المايونيز على خبز التورتيلا.
f) ضعي الخس على خبز التورتيلا ، ثم ضعي فوقه الجبن والخضروات المشوية.
g) قم بلفها واستمتع بها.

12. كيشي الخضار المشوي

يجعل: 6 حصص

مكونات:

- **1 قشرة فطيرة جاهزة**
- **3 بيضات**
- **1 كوب كريمة خفيفة**
- **نصف كوب كريمة ثقيلة**
- **نصف ملعقة صغيرة ملح**
- **نصف ملعقة صغيرة فلفل**
- **نصف ملعقة صغيرة فلفل حريف**
- **نصف ملعقة صغيرة جوزة الطيب**
- **6 أونصات جبن جروير ؛ مبشور**
- **½1 كوب خضروات مشوية**

تعليمات:

a) **ضعي طبقة من 4 أونصات من الجبن والخضروات المشوية على العجينة غير المخبوزة وضعيها على صينية خبز ، ثم ضعي فوقها الكمية المتبقية من الجبن. اخفقي باقي المكونات معًا ما عدا الجبن.**

b) **يُسكب فوق الخضار والجبن ويُرش ببقية الجبن.**

c) **تُشوى لمدة 35 إلى 45 دقيقة ، بعيدًا عن الحرارة المباشرة ، حتى ينتفخ الكيش ويصبح لونه بنياً ذهبياً.**

13. ساندويتش فطور فوكاتشيا مشوي وخضروات

يجعل: 1 حصة

مكونات:

● خبز الفوكاتشيا
● 1 حبة متوسطة الحجم من الباذنجان ، مقطعة إلى شرائح طولية
● 2 فلفل أحمر ، مقطعتان إلى أرباع وبذور
● 2 ملاعق كبيرة زيت زيتون
● جرجير طازج أو أوراق سلطة صغيرة
● مايونيز بيض كامل
● جبن بارميزان وريحان للتزيين

تعليمات:

a) يُملح الباذنجان ، ثم يُصفّى في مصفاة ويُشطف ويُترك حتى يجف.
b) ادهن الخضار بزيت الزيتون قبل وضعها على الشواية وإغلاقها. اطبخي حتى تنضج الخضار بالكاد.
c) ضع طبقة من الجرجير الطازج أو أوراق سلطة الأطفال والخضروات المشوية ومايونيز البيض الكامل بنكهة الريحان الطازج والثوم على شواية السندويتش.
d) ابشري بعض جبن البارميزان على الوجه.

14. <u>بطاطس الإفطار المشوية</u>

يجعل: 4 حصص

مكونات:
- 1 ملعقة صغيرة بودرة ثوم
- 5 أكواب بطاطس حمراء أو بطاطا ذهبية مقطعة
- 1 بصلة صفراء مقطعة مكعبات
- 2 ملاعق صغيرة ثوم مفروم
- 1 ملعقة صغيرة ملح البحر
- ¾ ملعقة صغيرة بهار الغار القديم
- 1 ملعقة صغيرة بابريكا
- 1 فليفلة حمراء مفرومة
- رشة فلفل أسود
- 3 ملاعق كبيرة زيت زيتون

تعليمات:
a) سخني الفرن على 400 درجة فهرنهايت.
b) نضيف البطاطس والبصل والفلفل الأحمر في وعاء كبير.
c) يقلب بزيت الزيتون والثوم.
d) أضيفي البهارات والملح والفلفل الأسود واخلطيهم جيداً.
e) يُضاف إلى طبق الخبز أو مقلاة من الحديد الزهر ويُشوى لمدة 45 دقيقة.
f) قدميها مع الكاتشب أو السلطة أو أي وجبة فطور وغداء أخرى!

المقبلات والوجبات الخفيفة والمقبلات

15. <u>أسياخ الفلفل المحمر</u>

يجعل: 1 حصة

مكونات:
- 1 فلفل أحمر مفروم
- 2 ملاعق كبيرة زيت زيتون
- 1 بصلة حلوة مقطعة إلى شرائح
- 2 كوسة ، مقسمة بشكل كثيف
- 2 فص ثوم مهروس
- 1 حبة فليفلة كبيرة مفرومة

تعليمات:
a) تُنزع البذور من الفلفل وتُقطع إلى قطع ، ثم تُمزج مع أسافين البصل الحلو والكوسة في طبق التقديم.
b) يضاف زيت الزيتون والثوم المسحوق ويقلب حتى يمتزج.
ضعي المكونات في أسياخ واطهيها لمدة 10-15 دقيقة على الشواية أو حتى تصبح الخضار طرية.

.16 <u>حديقة على سيخ</u>

يجعل: 6 حصص

مكونات:
- 1 كوز ذرة قشر مأخوذ ومقطع إلى قطع 2 بوصة
- 1 كوسة مقطعة إلى 2 إنش
- 1 فلفل أحمر مقطعة إلى قطع 1 بوصة
- 12 طماطم كرزية
- 12 حبة فطر

صلصة البستنة
- نصف كوب عصير ليمون
- 2 ملاعق كبيرة من النبيذ الأبيض الجاف
- 1 ملعقة طعام زيت زيتون
- 1 ملعقة صغيرة كمون
- 2 ملاعق صغيرة من الثوم المعمر الطازج
- 1 ملعقة صغيرة بقدونس طازج
- فلفل مطحون طازج ليتذوق

تعليمات:
a) سخني الشواية على درجة حرارة متوسطة وضعي رفًا بالزيت على ارتفاع 6 بوصات فوق الحرارة.

b) انقع 6 أسياخ كباب خشبية في ماء دافئ لمدة 15 دقيقة في حالة استخدامها. هذا يمنع الكابوبس من الاشتعال في الأسياخ أثناء الطهي.

c) ضع الخضار على أسياخ.
لتحضير صلصة التتبيل ، اخلطي التتبيل**مكونات.**

d) اشوي الكابوبس النباتي لمدة 15 إلى 20 دقيقة إجمالاً ، مع دهنها بالصلصة حتى يتفحم قليلاً.

17. <u>أسياخ حلومي</u>

يجعل: 1 حصة

مكونات:

- 250 جرام من الحلوم مقطع إلى قطع صغيرة الحجم
- 500 جرام صغير بطاطس جديدة؛ مغلي
- ملح وفلفل
- زيت الزيتون
- أسياخ الشواء
- 2 ملاعق كبيرة زيت زيتون
- 4 ملاعق كبيرة خل نبيذ أبيض
- قشر الليمون
- عدد قليل من الزيتون الأخضر. مفرومة فرما ناعما
- رشة كزبرة مطحونة
- أوراق الكزبرة الطازجة ممزق
- 1 فص ثوم سحقت
- 1 ملعقة كبيرة خردل حبوب كاملة
- ملح وفلفل
- 50 جرام من سلطة الأعشاب الطازجة

تعليمات:

a) بالتناوب قطع الحلوم والبطاطا في أسياخ.
b) رشي عليها زيت الزيتون والملح والفلفل حسب الرغبة.
c) اشوي على الشواية حتى ينضج الكباب تمامًا.
اصنع التتبيلة عن طريق مزج جميع المكونات في مرطبان.
d) ضعي الكباب على سلطة أعشاب طازجة ورشي عليه الصلصة.

18. <u>بطاطا حمراء مشوية على أسياخ</u>

يجعل: 6 حصص

مكونات:
● نصف ملعقة صغيرة مسحوق بصل
● 2 رطل من البطاطس الحمراء
● نصف كوب ماء
● ربع كوب مايونيز
● نصف كوب مرق
● 2 ملاعق صغيرة من الزعتر المجفف
● نصف ملعقة صغيرة من مسحوق الثوم

تعليمات:
a) ضعي البطاطس في طبق ثم غطيها بالميكروويف لمدة 12-14 دقيقة على ارتفاع. في وعاء الخلط ، اخلطي باقي المكونات. أضيفي البطاطس وضعيها في الثلاجة لمدة ساعة.
b) استنزاف ماء مالح.
c) ضع البطاطس على أسياخ معدنية أو أسياخ من الخيزران مبللة بالماء.
d) يُطهى لمدة 4 دقائق على نار معتدلة ، مكشوفًا ، ثم يُقلب ، ويُدهن بما تبقى من ماء مالح ، ويُشوى لمدة 4 دقائق أخرى.

19. <u>أسياخ خضار مشوية مع صوص ممسحة</u>

يجعل: 4 حصص

مكونات:
صلصة ممسحة
- 1/2 كوب قهوة سوداء قوية
- 1/4 كوب صلصة الصويا
- 1/2 كوب كاتشب
- 2 ملاعق كبيرة زيت زيتون
- 1 ملعقة صغيرة صلصة حارة
- 1 ملعقة صغيرة سكر
- 1/4 ملعقة صغيرة ملح
- 1/4 ملعقة صغيرة فلفل أسود مطحون طازجًا

خضروات
- 8 أونصات فطر أبيض ، مغسول قليلاً ومربى جاف
- 1 حبة فليفلة حمراء أو صفراء كبيرة ، مقطعة إلى قطع بحجم 12 بوصة
- حبتان صغيرتان من الكوسا ، مقطعتان إلى قطع بحجم بوصة واحدة
- 6 كراث ، نصف بالطول
- 12 طماطم كرزية ناضجة

تعليمات:
a) يُمزج القهوة مع صلصة الصويا والكاتشب والزيت والصلصة الحارة والسكر والملح والفلفل الأسود في قدر صغيرة. طهي لمدة 20 دقيقة على نار هادئة.

b) رتبي الفلفل الحلو والكوسا والفطر والكراث والطماطم الكرزية على أسياخ في طبق خبز ضحل.

c) اسكبي نصف صلصة الممسحة على أسياخ الخضار واتركيها لمدة 20 دقيقة في درجة حرارة الغرفة.

d) ضع الأسياخ فوق النار مباشرة على الشواية.

e) تُشوى لمدة 10 دقائق ، مع التقليب في منتصف الطريق حتى تصبح الخضار بنية وتصبح طرية.

f) انقلي المزيج إلى طبق ورشي الصلصة المتبقية فوق كل شيء. تخدم على الفور.

20. <u>أسياخ خضار مشوية</u>

يجعل: 4 حصص

مكونات:

- 1/2 ملعقة صغيرة مسحوق كزبرة
- 1 كوب بقدونس طازج مقطع إلى مكعبات خشنة
- 1 كوب كزبرة طازجة ، مقطعة إلى مكعبات خشنة
- 1/2 ملعقة صغيرة كمون مطحون
- 1/2 ملعقة صغيرة بابريكا حلوة
- 1/2 ملعقة صغيرة ملح
- 3 فصوص ثوم مهروسة
- 12 طماطم كرزية
- 1 كوسة مقطعة إلى قطع بحجم بوصة واحدة
- 1/4 ملعقة صغيرة حريف مطحون
- 3 ملاعق كبيرة عصير ليمون طازج
- 1/3 كوب زيت زيتون
- 1 حبة فليفلة حمراء مقطعة بالطول
- 12 فطر أبيض
- 1 باذنجان مقطع إلى مكعبات

تعليمات:

a) يُمزج البقدونس والكزبرة والثوم في الخلاط أو معالج الطعام ويُخفق جيدًا حتى يُفرم جيدًا.

b) يُمزج الكزبرة والكمون والبابريكا والملح والفلفل الحار وعصير الليمون والزيت في وعاء الخلط. قم بالمعالجة حتى تصبح ناعمة تمامًا. انتقل إلى وعاء صغير.

c) سخن الشواية.

d) باستخدام الأسياخ ، قم بخلط الفلفل الحلو والباذنجان والكوسا والفطر.

e) يُسكب نصف صوص الشيرمولا على أسياخ الخضار ويترك لينقع لمدة 20 دقيقة في درجة حرارة الغرفة.

f) ضعي الخضار المشوية على الأسياخ فوق النار مباشرة على الشواية الساخنة.

g) تُشوى حتى تنضج الخضار وتحمر ، لمدة 10 دقائق ، وتقلب مرة واحدة في منتصف الطريق.

h) انقلي المزيج إلى طبق ورشي الصلصة المتبقية فوق كل شيء. تخدم على الفور.

21. <u>مربعات عصيدة من دقيق الذرة مشوية</u>

يصنع: 8 حصص

مكونات:
- 2 فص ثوم مفرومة فرما ناعما
- نصف ملعقة صغيرة فلفل أسود
- 2 كوب ماء
- 2 ملاعق كبيرة زيت زيتون بكر ممتاز
- 2 كوب مرق
- كوب جبن كوتيجا مبشور
- 1 كوب عصيدة من دقيق الذرة
- 4 ملاعق كبيرة زيت زيتون للدهن
- ½ بصل أحمر مفرومة فرما ناعما
- 1 ملعقة صغيرة ملح البحر
- 2 ملاعق كبيرة زبدة غير مملحة

تعليمات:
a) في قدر كبير ثقيل ، سخني زيت الزيتون على نار هادئة.

b) يُطهى البصل لمدة 3 دقائق تقريبًا قبل إضافة الثوم.

c) على نار عالية ، اغلي المرق والماء والملح.

d) قلل الحرارة إلى درجة منخفضة ، وبعد أن يغلي السائل ، قم برش ببطء في عصيدة من دقيق الذرة في تيار رقيق ، مع التحريك باستمرار.

e) خففي الحرارة إلى درجة منخفضة جدًا واستمري في التقليب لمدة 25 إلى 30 دقيقة ، أو حتى تنضج حبيبات عصيدة من دقيق الذرة.

f) نضيف الفلفل الأسود والكوتيجا والزبدة ونخلط جيداً.

g) ضعي عصيدة من دقيق الذرة في مقلاة ووزعيها بالتساوي.

h) توضع جانبا لمدة ساعة في درجة حرارة الغرفة.

i) ضع الزيت على مقلاة الشواء. ادهني عصيدة من دقيق الذرة بزيت الزيتون وقطعيها إلى 8 مربعات.

i) تُسخن مقلاة الشواء وتُطهى المربعات لمدة 9 دقائق على كل جانب أو حتى يصبح لونها بنياً ذهبياً.

22. سناك باربيكيو مقرمش

يجعل: 18 حصة

مكونات:
- 3 ملاعق كبيرة سمن أو زبدة. ذاب
- ربع كوب صوص باربيكيو
- نصف ملعقة صغيرة ملح ثوم
- ملعقة صغيرة بهار باربيكيو
- 7 أكواب من حبوب الشوفان
- 1 كوب أصابع البريتزل
- 1 كوب فول سوداني مشوي جاف

تعليمات:
a) سخني الشواية إلى 250 درجة فهرنهايت.
b) ضع الحبوب والمعجنات واللوز في مقلاة جيلي رول مقاس 15 × 10 بوصة.
c) في قدر صغير ، ذوبي المارجرين.
d) أضيفي صوص الباربيكيو وملح الثوم وتوابل الشواء لمدة 3-5 دقائق أو حتى يتكاثف قليلاً.
e) اسكبي صلصة الباربيكيو بالتساوي على الحبوب. حركي لتغطية كل شيء بالتساوي.
f) يُشوى لمدة ساعة مع التحريك كل 20 دقيقة.

23. <u>ملفات تعريف الارتباط الجبن</u>

يجعل: 1 حصة

مكونات:
- 1 كوب جبن شيدر مبشور
- ربع كوب مايونيز
- 1 كوب دقيق لجميع الأغراض
- نصف ملعقة صغيرة ملح
- رشة فلفل أحمر مطحون

تعليمات:
a) املأ نصف كوب القياس بالدقيق.
b) يُمزج الجبن والسمن والدقيق والملح والفلفل الأحمر في طبق متوسط الحجم.
c) برد لمدة 1 ساعة.
d) اصنع كرات بحجم 1 إنش من العجين.
e) على صينية غير مدهونة ، ضع الكرات على مسافة 2 بوصة.
f) تتسطح بالشوكة.
g) يُشوى لمدة 10-12 دقيقة ويقدم على الفور.

24. مكسرات شواء

يجعل: 8

مكونات:
- 1 رطل من اللوز الخام
- 1 باوند خام فيلبرتس
- 3 ملاعق كبيرة تماري
- 1 ملعقة كبيرة شيبوتليس مطحون
- 1 ملعقة صغيرة ملح

تعليمات:
a) تبّل المكسرات بالملح وبهارات الشيبوتل.
b) افرمي صينية الخبز وضعي المكسرات في طبقة واحدة.
c) يدخن لمدة 30 دقيقة عند 300 درجة مع التحريك كل 15 دقيقة.
d) اتركيها تبرد تمامًا للحصول على قوام مقرمش.

25. <u>خوخ وجوز مشوي ساخن</u>

يجعل: 6

مكونات:

- 3 أكواب خوخ مقطع إلى مكعبات
- نصف ملعقة صغيرة مسحوق قرفة
- ربع كوب مارجرين
- كوب جوز مقطع إلى مكعبات ومحمص
- 2 كوب آيس كريم فانيليا
- نصف كوب سكر بني

تعليمات:

a) ضعي شرائح الخوخ في طبقة موحدة في قاع صينية الشواء المصنوعة من رقائق الفويل المدهونة بالزيت.

b) يُمزج المارجرين والسكر البني والجوز والقرفة في طبق صغير. صب على الدراق.

c) غطيها بوعاء شواء ثانٍ.

d) ضع العبوة على الشواية على نار خفيفة واطبخها لمدة 14 إلى 18 دقيقة ، أو حتى تنضج الفاكهة ، قم برج الكيس من حين لآخر.

e) قدميها ساخنة مع الآيس كريم.

26. <u>ذرة باربيكيو</u>

يجعل: 4 حصص

مكونات:

- 4 أكواز ذرة غير مغسولة
- 3 ملاعق كبيرة زبدة
- 1 فص ثوم مفروم
- 1 ملعقة كبيرة بقدونس طازج مفروم
- نصف ملعقة صغيرة فلفل
- نصف ملعقة صغيرة ملح

تعليمات:

a) قم بإزالة الحرير من قشور الذرة دون فصلها عن الكيزان.

b) نقع الكيزان في الماء لمدة 20 دقيقة على الأقل أو حتى ساعة بعد إعادة لفها في القشور. يُصفّى ويُجفف جيدًا.

c) يُمزج الزبدة والثوم والبقدونس والملح والفلفل في وعاء الخلط.

d) قم بإزالة القشور من الحبوب وادهن خليط الزبدة فوقها.

e) اعكس القشرة فوق الكيزان وثبتها بخيط المطبخ.

f) على شواية بالزيت على نار متوسطة ، غطيها واطبخي لمدة 15 دقيقة ، مع التقليب بشكل دوري ، حتى يتحول لونها إلى البني.

27. ذرة مشوية على قطعة خبز

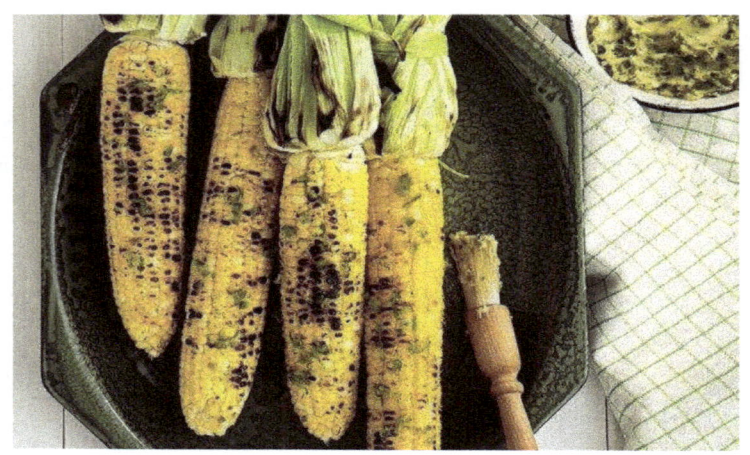

يجعل: 1 حصة

مكونات:
- ذرة طازجة على قطعة خبز
- سمنة؛ ذاب
- الملح والفلفل حسب الذوق

تعليمات:
a) اسحب القشور للخلف بعد الطهي واربطها بقطعة من القشور لعمل ما يشبه المقبض.
b) يتبل بالملح والفلفل حسب الرغبة بعد غمسه في الزبدة المذابة.
c) يُطهى لمدة 4 دقائق لكل جانب على الشواية.
d) أثناء الشواء ، اقلبوا الذرة عدة مرات للتأكد من أن جميع الجوانب معرضة للحرارة حتى تصبح ذهبية اللون عند الشواء.

28. بامية الكاجون المشوية والذرة

يجعل: 6

مكونات:
- ربع كوب عصير ليمون طازج
- 1 ملعقة طعام توابل الكاجون
- 1 ملعقة صغيرة قشر ليمون مبشور
- 1 فص ثوم مفروم
- 5 أونصات عصير طماطم
- قشور 3 آذان الذرة ، مقطعة بالعرض إلى شرائح
- ½ أرطال بامية
- 1 حبة فليفلة حمراء مقطعة إلى مربعات 1 بوصة
- رذاذ طبخ الخضار

تعليمات:
في كيس بلاستيكي كبير للخدمة الشاقة ، اجمع أول 5مكونات:.
a) أغلق الكيس بالخضروات بالداخل. ضعيه في الثلاجة لمدة ساعة ، مع قلب الكيس في منتصف الطريق.
b) باستخدام 6 أسياخ ، اسياخ الخضار بالتناوب.
c) يُطهى لمدة 13 دقيقة أو حتى ينضج على رف شواء مغطى برذاذ الطهي ، مع التقليب والتتبيل بانتظام مع المتبقي من التتبيلة.

29. ذرة مع مسحوق الفلفل الحار والليمون

يجعل: 1 حصة

مكونات:
- 6 آذان ذرة
- 3 ملاعق كبيرة زبدة غير مملحة
- 2 ملاعق صغيرة من مسحوق الفلفل الحار
- عصير 2 ليمونة طازجة

تعليمات:
a) قم بإزالة القشور من الكيزان ببطء ثم قم بإزالة الحرير.
b) انشر طبقة رقيقة من الزبدة على الذرة. ضع القليل من مسحوق الفلفل الحار على كل أذن.
c) افركي عصير الليمون في القشور الداخلية لكل أذن.
d) شوي الأذنين على شواية الفحم أو الغاز على درجة حرارة عالية إلى حد ما ، مع الدوران كثيرًا لضمان طهي متساوٍ. يستغرق تحميص الذرة من 15 إلى 20 دقيقة.
e) قدميه على الفور مع وضع القشور.

30. ذرة مشوية ترياكي

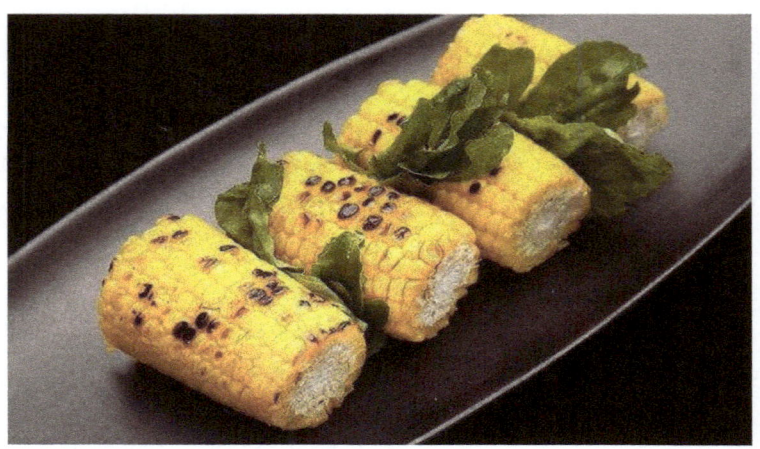

يجعل: 4

مكونات:
- 1 ملعقة كبيرة سكر بني
- 2 ملاعق كبيرة ماء
- 1 ملعقة كبيرة معجون طماطم
- 1 ملعقة صغيرة بذور سمسم
- 4/1 ملعقة صغيرة نشا ذرة
- 6 آذان ذرة

تعليمات:
في قدر كبير ، اخلطي جميع المكونات ماعدا الذرة.

a) يُغلى المزيج مع التحريك بشكل دوري.

b) اخفض الحرارة إلى درجة منخفضة واتركه يطهى لمدة دقيقة واحدة. يرفع عن النار.

c) سخن الشواية.

d) قشر الذرة واطبخي لمدة 5 إلى 10 دقائق ، مغطى.

e) الصق الصقيل مرتين أو ثلاث مرات عند الانتهاء تقريبًا.

31. <u>ذرة مشوية مع صلصة بيكورينو الكريمية</u>

يجعل: 6

مكونات:

- 150 جرام زبدة
- زيت الليمون
- قشر ليمون محلوق
- 100 مل زيت الكانولا
- صلصة بيكورينو
- 2 كراث ، مفروم ناعم
- 2 ملاعق كبيرة زبدة غير مملحة
- 6 أكواز ذرة غير مغسولة
- 200 مل كريمة مخفوقة
- 200 جرام بيكورينو مبشور
- 2 فص ثوم مفروم
- 1 ملعقة كبيرة خل نبيذ أبيض

تعليمات:

a) احضر قدرًا من الماء المملح ليغلي.

b) اغلي الكيزان لمدة 5 دقائق مع توجيه الأطراف لأسفل في الماء.

c) باستخدام شوكة ، اخلطي الزبدة والثوم في وعاء. ضعه جانبا.

d) في قدر صغير ، سخني قشر الليمون والزيت. ارفعي المقلاة عن النار عندما تبدأ في الغليان على نار هادئة واتركيها جانباً لمدة 10 دقائق للسماح للزيت بامتصاص نكهة الليمون.

e) في قدر ، يُطهى الكراث في الزبدة حتى ينضج ولكن لا يتحول إلى اللون البني. أضف الخل.

f) قلبي حتى يمتص الكراث كل الخل.

g) أضيفي الكريمة واطهيه لمدة دقيقتين إضافيتين.

h) اخلطي الصلصة حتى تصبح ناعمة في الخلاط اليدوي أو محضر الطعام ، ثم أضيفي الجبن المبشور. أضف الملح حسب الرغبة.

i) سخن الشواية.

j) ضعي الذرة على الشواية واشويها لمدة 5-7 دقائق.

k) أخرجي الذرة من الشواية ، اطوي الأوراق لأسفل ، وادهن الذرة بزبدة الثوم.

l) على طبق ، ضع قطعة خبز فوق كمية صغيرة من الصلصة.

m) يُضاف إلى شرائح البصل المتخمّر أو فصوص الثوم.

.32 <u>فواكه مشوية بالكراميل</u>

يجعل: 4 حصص

مكونات:

- 4 ملاعق كبيرة زبدة
- 4 حبات خوخ ناضج
- 4 برقوق أحمر ناضج
- 4 موزات ناضجة صغيرة ، مقطعة بالطول
- نصف كوب سكر بني غامق

تعليمات:
a) سخن الشواية.
b) يُمزج الزبدة المذابة والسكر البني في وعاء خلط كبير.
c) امزج كل الفاكهة.
d) ضع رقائق الألومنيوم على الشواية ، متداخلة الجوانب لتشكيل ما يشبه صينية الخبز الضحلة.
e) رتب الفاكهة على ورق القصدير.
f) اطبخي حتى تتحول الثمرة إلى اللون البني وتتحول إلى حواف بالكراميل.

33. S'mores على الشواية

يجعل: 4 حصص

مكونات:
- حفنة من قطع حلوى الشوكولاتة الداكنة
- حفنة م و م
- حفنة من أكواب زبدة الفول السوداني
- حفنة من بسكويت غراهام
- حفنة شوكولاتة
- حفنة أعشاب من الفصيلة الخبازية

تعليمات:
a) سخن الشواية على درجة متوسطة.
b) على سطح مستو ، ضع قطعة من الرقائق مقاس 10 × 12 بوصة.
c) قم بتفتيت قطعة بسكويت غراهام وضعها على ورق القصدير.
d) ضع الحلوى التي اخترتها على بسكويت غراهام ، ثم ضع فوقها أعشاب من الفصيلة الخبازية من اختيارك.
e) تُلف برفق في ورق القصدير وتُغطى بفتات غراهام المقرمشة المتبقية.
f) سخنيها لمدة 2 إلى 3 دقائق على الشواية أو حتى تذوب المارشميلو.

34. <u>فلفل مشوي سمورز</u>

يجعل: 6 حصص

مكونات:

- 6 فلفل مشوي كامل. مقشر
- ½ رطل جبن موزاريلا طازج
- رشة ملح
- 3 ملاعق صغيرة زيت زيتون
- 1 باقة روزماري
- رشة فلفل أسود مطحون طازجًا

تعليمات:

a) ضع قطعة من الجبن في كل فلفل.

b) أضف غصنًا صغيرًا من إكليل الجبل والملح والفلفل ونصف ملعقة صغيرة من زيت الزيتون حتى تنتهي. أغلق الجزء العلوي من كل فلفل بالجزء المفروم.

c) سخن الشواية على حرارة متوسطة إلى عالية.

d) ضعي الفلفل على الشواية واطهيه لمدة دقيقتين لكل جانب ، مع تدويره بملقط حتى يذوب الجبن.

e) ضعي في الطبق ورشي عليه زيت الزيتون ، وتبليه بالملح والفلفل ، ووزعيه فوق غصن إكليل الجبل. تخدم على الفور.

35. <u>شرائح طماطم وجبنة مشوية</u>

يجعل: 4 حصص

مكونات:
- 4 قطع خبز بيضاء
- 1 حبة طماطم كبيرة ، ممسحة ومقطعة
- 4 شرائح جبن الماعز حلقات

صلصة
- 2 ملاعق صغيرة عصير ليمون
- رشة ملح
- رشة فلفل مطحون طازج
- اختيار أوراق السلطة
- 1 ملعقة صغيرة خل بلسميك
- 2 ملاعق كبيرة زيت زيتون

تعليمات:
a) سخن الشواية.
b) قطعي أربع جولات من شرائح الخبز باستخدام قاطعة معدنية دائرية مقاس 3 بوصات ، ثم تحميصها في فرن متوسط لمدة 1-2 دقيقة ، أو حتى يصبح لونها بنياً ذهبياً.
c) ضعي شرائح التوست فوق شرائح الطماطم وجبن الماعز وسخنيها لمدة 4-5 دقائق إضافية ، حتى تصبح ذهبية اللون.
امزج الصلصةمكونات:، ثم رتب دوائر جبن الماعز المشوية على طبقة من أوراق الخس في أطباق التقديم.
d) رشي الصلصة على الوجه وقدميها على الفور.

36. <u>شرائح الجبن الأزرق المشوي</u>

يجعل: 8 شرائح

مكونات:
- 2 ملاعق كبيرة جبن بارميزان
- نصف كوب سمن أو زبدة طرية
- رغيف من الخبز الفرنسي مقطع أفقيًا
- نصف كوب جبن أزرق

تعليمات:
a) يُمزج المارجرين مع الجبن.
b) انشر مزيج الجبن على جانب واحد مقطوع.
c) لف بإحكام بورق الألمنيوم.
d) اشوي الخبز لمدة 6 دقائق ، بالتناوب مرة واحدة ، على بعد 5 إلى 6 بوصات من الفحم المعتدل.

ةداسلا راضخلا

37. <u>شيتاكي مع ويسكي وميسو ماريناد</u>

يجعل: 6

مكونات:
- 600 جرام شيتاكي

نقيع
- 4 ملاعق كبيرة ويسكي
- 4 ملاعق كبيرة زيت كانولا
- 2 ملاعق كبيرة من الميسو الداكن
- 2 ملاعق كبيرة تماري
- عصير نصف ليمونة
- 1 ملعقة كبيرة سكر قصب
- 1 فص ثوم
- 1 ملعقة صغيرة زيت سمسم

ليخدم
- 6 صفار بيض
- رقائق ملح البحر

تعليمات:
يُمزج كل التتبيلةمكونات:

a) نظف الفطر وقطعه إلى شرائح سميكة. ادهنهم بالتتبيلة وضعيهم على ورقة من ورق الخبز.

b) سخن الشواية.

c) اشوي الفطر واقلبه وقم بتغطيته بالتتبيلة الإضافية حسب الحاجة. ينضج الفطر عندما يتحول لونه إلى اللون البني الذهبي الجميل.

d) ضع الفطر في طبق. في وسط الطبق ، ضعي صفار بيض وزينيه بالزعتر ورقائق ملح البحر وبتلات الذرة.

38. باذنجان متبل بالبيرة مع شيتاكي

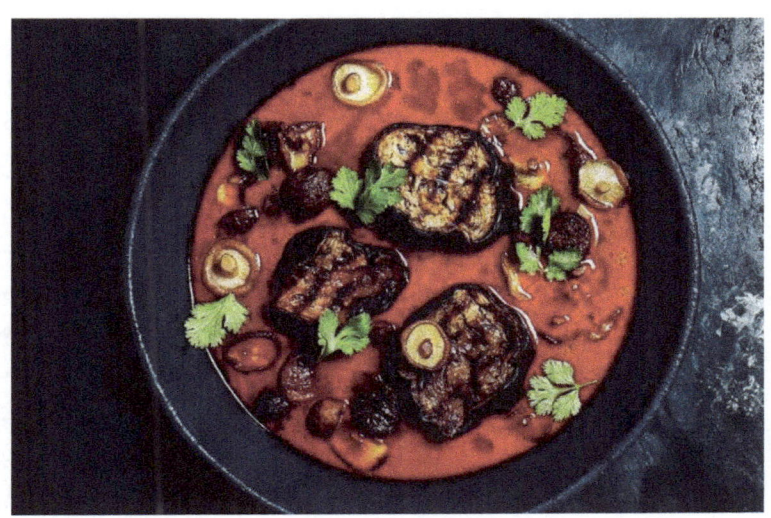

يجعل: 6

مكونات:

باذنجان متبل بالبيرة

- 3 باذنجان كبير
- 330 مل بيرة
- 2 فص ثوم مهروس قليلاً
- 2 ملاعق كبيرة خل الشعير
- 2 ملاعق صغيرة ملح

صلصة طماطم

- 1 ملعقة طعام بيوريه طماطم
- 6 حبات طماطم كبيرة
- 2 ملاعق كبيرة زيت زيتون
- 1 ملعقة كبيرة خل نبيذ أبيض
- 1 ملعقة كبيرة نبق البحر المطحون
- 100 مل مرق الفطر
- شيتاكي مغموس في الزبدة
- 2 ملاعق كبيرة زيت الكانولا
- 300 جرام شيتاكي
- 2 ملاعق كبيرة زبدة غير مملحة
- 1 ملعقة كبيرة ويسكي
- ملح
- 2 بصل مفروم ناعماً

ليخدم

- 3-2 أغصان من الكزبرة

تعليمات:

في كيس بلاستيكي ، يُمزج المتبلمكونات:ثم نضيف شرائح الباذنجان.

a) برد لمدة 7-8 ساعات.
b) تقطع الطماطم إلى أنصاف وبشرها جيدًا في وعاء.
c) سخني زيت الزيتون في مقلاة متوسطة الحجم وحمّري البصل.
d) ارفعي درجة الحرارة قليلاً بعد إضافة بيوريه الطماطم.
e) يُسكب الخل ومسحوق النبق البحري ومرق الفطر والطماطم المبشورة.
f) يُطهى على نار خفيفة لمدة 20-30 دقيقة مع التتبيل حسب الرغبة.
g) انزع شرائح الباذنجان المتبل واشويها حتى تصبح قشرة ولون عميق.
h) في مقلاة ، سخني زيت الكانولا حتى يدخن.
i) يضاف الفطر ويطهى لمدة 5 دقائق.
j) نخفض الحرارة ثم نضيف الزبدة.
k) يقدم على طبق أو في وعاء. تُسكب بعض صلصة الطماطم فوق شرائح الباذنجان ، ثم يُسكب فوقها الفطر والكزبرة.

39. <u>الهليون المشوي مع البوراتا</u>

يجعل: 6

مكونات:
- 1 كغ من الهليون
- 2 ملاعق كبيرة زيت الكانولا
- صلصة الكمكوات
- 12 حبة من الكمكوات ، مقطعة إلى شرائح
- 2 ملاعق كبيرة كركم مبشور
- 1 قرن فانيليا مقسم بالطول
- يانسون 3 نجوم
- 100 مل عسل
- 300 مل ماء

ليخدم
- 6 كرات بوراتا
- 6 صفار بيض
- 6 ملاعق طعام من الحنطة السوداء المحمصة
- 6 ملاعق صغيرة من الكراث

تعليمات:
في قدر على نار عالية ، اغلي جميع المكونات لمدة 10 دقائق.
a) باستخدام مصفاة ، صفي الصلصة في وعاء.
b) يُمزج الهليون المقطّع مع زيت الكانولا في وعاء.
c) ضع الهليون على الشواية لمدة 5 دقائق ، وقم بلفه ذهابًا وإيابًا بشكل دوري.
d) مزق كرة بوراتا إلى نصفين.
e) ضعيها في صينية وضعي كومة من الهليون بجانبها ، وضعي عليها صفار البيض ، ثم قطعيها في البوراتا حتى يتدفق الصفار.
f) رشي 3-4 ملاعق كبيرة من صلصة الكمكوات على الوجه.

40. <u>محلول ملحي شرقي مع الخضار المشوية</u>

يصنع: 2 2/1 كوب

مكونات:

- 6 فصوص ثوم مفروم
- 2 ملاعق كبيرة زنجبيل مفروم
- 2 ليمونة
- كوب أوراق نعناع. مكعبات
- نصف كوب كزبرة مكعبات
- ربع كوب ريحان مكعبات
- 3 بصل أخضر مفروم
- 8 فلفل حار سيرانو مفروم
- نصف كوب زيت زيتون
- ½ كوب شيري ؛ جاف
- ربع كوب صلصة محار
- نصف كوب صلصة صويا
- نصف كوب عسل
- 1 ملعقة كبيرة صلصة فلفل حار

تعليمات:

a) اخرج وابشر نكهة الليمون الحامض وعصير الليمون الحامض.
b) تخلط المكونات: وتتبل.
c) شوي لمدة ساعتين بالتناوب من حين لآخر مع الفرشاة بالمحلول الملحي.

41.   قرنبيط مشوي مع غريمولاتا

يجعل: 6

مكونات:
- 2 رأس قرنبيط
- 100 مل زيت الكانولا
- 150 جرام زبدة غير مملحة
- ملح
- Gremolata
- 6 ملاعق كبيرة من أوراق البقدونس المفروم ناعماً
- 2 ملاعق كبيرة صنوبر ، محمص
- 1 ملعقة كبيرة فلفل أخضر مفروم ناعماً
- 1 ملعقة كبيرة ثوم مفروم ناعم
- 1 ليمون ، مبشور ناعماً
- رقائق ملح البحر
- 90 غ من الكشمش الأبيض

تعليمات:
a) ضع طبقة من ورق الخبز فوق ورقة مطبخ أكبر قليلاً.
في طبق للخلط ، اخلطي كل من الجريمولاتامكونات:س.
b) ادهني كل شريحة من القرنبيط برفق بالزيت على الجانبين.
c) ضعها على ورق الخبز ، وزبدها بالزبدة ، وتبليها بالملح. شواية.
d) اطويها في كيس وأعيديها إلى الشواية.
e) بعد 30 دقيقة ، افتح العبوة وتأكد من أن القرنبيط قد اكتسب لونًا بنيًا ذهبيًا رائعًا.
f) ضعي شريحة واحدة من القرنبيط على كل طبق ، ثم ضعي فوقها ملعقة كبيرة من الجريمولاتا والكشمش الأبيض.

42. <u>بازلاء مشوية وبصل أخضر مع براعم الفاصوليا</u>

يجعل: 6

مكونات:
● 12 حبة بصل أخضر صغير
● 3 ملاعق كبيرة زيت زيتون
● 1 كيلو بازلاء في قرون
● 125 غ من براعم الفاصوليا
● 10 غ من أوراق النعناع المفرومة
● رقائق ملح البحر

تعليمات:
a) قسّم البصل الأخضر بالطول مع الاحتفاظ بأكبر عدد ممكن من الأوراق.
b) ادهن حواف البصل الأخضر بالزيت.
c) ضع البصل الأخضر على الشواية واتركه يطهى لمدة 10 دقائق ، أو حتى يلين ويصبح لونه قليلاً.
d) اقلبها واطبخها لمدة 5 دقائق أخرى.
e) يوضع البصل الأخضر جانباً في وعاء خلط كبير.
f) ضعي البازلاء في كبسولاتها على الشواية واتركيها لمدة 5 دقائق حتى تبدأ في التحول إلى اللون الأسود. اتركيه لمدة 5 دقائق أخرى بعد قلبهما.
g) أخرجي البازلاء من القرون عندما تكون باردة بدرجة كافية للتعامل معها وضعيها في وعاء البصل الأخضر.
h) يُسكب الزيت المتبقي في الوعاء ، متبوعًا براعم الفاصوليا والنعناع.
i) تبلي بالملح وقلبي حتى يصبح كل شيء متجدد الهواء - بشكل مثالي باستخدام يديك.

43. <u>شيتاكس مشوي على الفحم</u>

يجعل: 4 حصص

مكونات:

- 8 أونصات شيتاكس مغسول و ينبع رمي
- 1 ملعقة طعام زيت زيتون
- 1 ملعقة طعام تماري
- 1 ملعقة كبيرة ثوم مهروس
- 1 ملعقة صغيرة إكليل الجبل المفروم
- ملح وفلفل أسود
- 1 ملعقة صغيرة شراب القيقب
- 1 ملعقة صغيرة زيت سمسم
- ادامامي

تعليمات:
انقع الفطر مع المكونات الأخرى لمدة 5 دقائق.

a) اشوي الأغطية فوق الجمر حتى يتحول لونها إلى اللون البني بلطف.
b) قمة مع Edamame.

44. خضروات مشوية

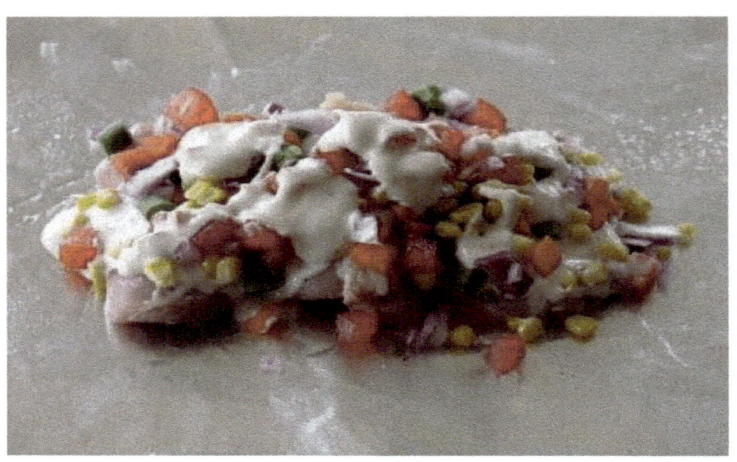

يجعل: 4 حصص

مكونات:

- 8 طماطم كرزية - نصف حتى 10
- 1½ كوب ذرة مقطعة من الكوز
- 1 فلفل أحمر حلو جوليينيد
- فلفل أخضر جوليينيد
- 1 بصلة صغيرة مجزأة
- 1 ملعقة كبيرة من أوراق الريحان الطازجة. مكعبات
- ¼ ملعقة صغيرة قشر ليمون مبشور
- ملح وفلفل؛ ليتذوق
- 1 ملعقة كبيرة + 1 ملعقة صغيرة زبدة غير مملحة أو؛ سمن؛ قطع

تعليمات:
اخلط جميع المكونات ما عدا الزبدة في وعاء خلط كبير.
a) ضع كل نصف في وسط ورقة رقائق ألمنيوم شديدة التحمل.
b) دهن الخضار بالزبدة وختم ورق القصدير.
c) تُشوى عبوات رقائق الألومنيوم لمدة 15 إلى 20 دقيقة فوق الفحم الحار بدرجة معتدلة ، أو حتى تنضج الخضروات.
d) تخدم على الفور.

.45   ضع الخضار على الشواية

يجعل: 1 حصة

مكونات:
- 2 حبة بطاطس مقطعة مكعبات
- 1 حبة بلوط مقطعة مكعبات
- نصف كوب زبدة ذاب
- 1 ملعقة طعام زعتر
- الملح والفلفل حسب الذوق
- 2 بطاطا حلوة مقطعة مكعبات
- 3 ملاعق كبيرة زيت نباتي

تعليمات:
a) تحضير الشواية للشواء غير المباشر.
b) يُمزج الخضار والزيت والملح والفلفل في وعاء الخلط.
c) في طبق صغير ، اخلطي الزبدة والزعتر.
d) ضع الخضار على الشواية.
e) طهي لمدة 15 دقيقة مع إغلاق الجزء العلوي.
f) يُقلب ، يُدهن بمزيج الزبدة والزعتر ويُطهى لمدة 15 دقيقة أخرى حتى تصبح الخضار طرية.

46. شمندر احمر محمص مع فيتا و دكة

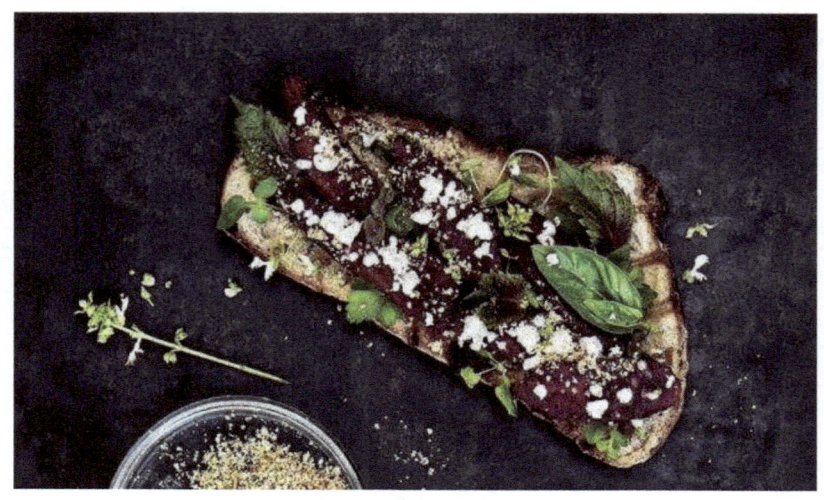

يجعل 6:

مكونات:
- 6 حبة شمندر حمراء صغيرة
- 6 شرائح من خبز العجين المخمر
- زبدة غير مملحة
- 2 أوقية. فيتا ويفضل أن يكون مصنوعًا من حليب الماعز
- 6 ملاعق صغيرة دكة
- أعشاب مشكلة طازجة ، مثل الزعتر والبقدونس والشيزو والريحان
- رقائق ملح البحر

تعليمات:
a) التقط الشمندر وضعه على الجانب الخالي من الفحم من الشواية.
b) يُغلق الغطاء ويُحمص لمدة ساعة على نار غير مباشرة ، حتى ينضج البنجر عند الضغط عليه برفق.
c) قشر الشمندر.
d) ادهن قطع الخبز بالزبدة ، ثم اشويها بسرعة على جانب واحد بدون زبدة ، ثم اقلبها وسخنها حتى تظهر خطوط الشواء الصافية.
e) يقطع البنجر إلى شرائح ويوضع فوقها فتات جبنة الفيتا. ضعه على الشواية لمدة دقيقتين لإذابة الجبن.
f) ضعي بضع شرائح من جذر الشمندر مع جبنة الفيتا على كل شريحة من الخبز المحمص ، وضعي عليها الدكة والأعشاب ورقائق ملح البحر ، وقدميها.

47. <u>خضروات مشوية بمحلول ملحي</u>

يجعل: 6 حصص

مكونات:

- 2 كوب زيت زيتون بكر ممتاز
- نصف كوب خل بلسمي
- 2 ملاعق كبيرة كراث ، مفروم
- 1 ملعقة كبيرة معجون ثوم مفروم
- نصف كوب شيفونيد من الريحان
- 1 رأس راديكيو إيواء
- 2 طماطم كريول مجزأة
- 1 بصلة حمراء مجزأة
- 1 كوسة مجزأة
- 2 كوب فطر بري متنوع مقسم
- 1 كوسة صفراء مجزأة
- ½ رطل من الهليون ؛ ابيض
- 1 ملعقة صغيرة ملح
- 1 ملعقة صغيرة فلفل أسود مطحون

تعليمات:

a) سخني الشواية. تبلي الخضار بملعقتين كبيرتين من زيت الزيتون والملح والفلفل.
b) اشوي الخضار (باستثناء الفطر) لمدة دقيقتين على كل جانب.
c) يُمزج زيت الزيتون والخل والكراث والثوم والريحان في وعاء للخلط.
d) يتبل بالملح والفلفل.
e) في طبق سوفليه زجاجي ، قم بوضع طبقات مختلفة من الخضار.
f) يُسكب المحلول الملحي فوق الخضار ويترك لمدة 12 ساعة أو طوال الليل.

48. خضروات مشوية تشيميشوري

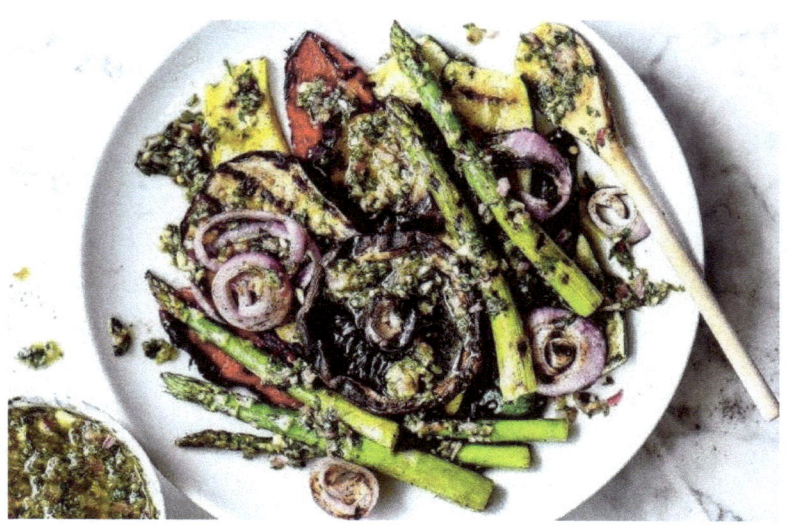

يجعل: 4 حصص

مكونات:
● 1/2 كوب زيت زيتون
● 2 ملاعق صغيرة زعتر طازج
● 2 كراث ، أرباع
● 3 فصوص ثوم مهروسة
● 1/3 كوب أوراق بقدونس طازجة
● 1/4 كوب أوراق ريحان طازجة
● 1/2 ملعقة صغيرة ملح
● 2 ملاعق كبيرة عصير ليمون طازج
● 1 بصلة حمراء مقطعة أرباع
● 1 بطاطا حلوة مقشرة ومقطعة مكعبات
● 1 كوسة مقطعة قطريا
● 2 موزة ناضجة ، نصفها بالطول
● 1/4 ملعقة صغيرة فلفل أسود

تعليمات:
a) سخن الشواية.
b) في محضر الطعام ، افرم الكراث والثوم.
c) يُخفق البقدونس والريحان والزعتر والملح والفلفل ناعماً. اخفق المزيج حتى يمتزج عصير الليمون وزيت الزيتون جيدًا. انتقل إلى وعاء صغير.
d) ادهن الخضار بصلصة تشيميتشوري.
e) ضعهم على الشواية للطهي.
f) استمر في الشوي حتى تصبح الخضار طرية ، من 10 إلى 15 دقيقة لكل شيء ما عدا الموز ، والذي يجب أن يتم في غضون 7 دقائق.
g) قدميها على الفور مع رشة من الصلصة المتبقية.

أطباق جانبية مشوية

49. كراث شمبانيا ناعم مشوي

يجعل: 4 حصص

مكونات:

- 1 كوب مرق
- 6 تسريبات قلص
- 2 ملاعق كبيرة زيت زيتون
- 1 كوب زعتر طازج مكعبات تقريبًا
- 2 كوب شمبانيا
- 1 كوب جبن فيتا
- ملح وفلفل؛ ليتذوق

تعليمات:

a) سخني زيت الزيتون في مقلاة كبيرة على نار متوسطة.
b) يضاف الزعتر إلى الزيت الساخن ويخفق لمدة دقيقة واحدة.
c) يُطهى لمدة 3 دقائق ، أو حتى يتحول لونه إلى البني الفاتح.
d) أضيفي الشمبانيا والمرق واتركيها على نار هادئة لمدة 8 دقائق. اجلس جانبا.
e) في هذه الأثناء ، اشوي الكراث لمدة 8 إلى 10 دقائق على نار متوسطة الحرارة بالفحم ، بالتناوب عدة مرات.
f) أخرج الكراث من الشواية واقطعها من المنتصف بالطول.
g) قدميها على الفور ، مع تغطية كل حصة بجبنة الفيتا ورذاذ من الصلصة المختصرة.

50. بطاطس شيدر مشوية

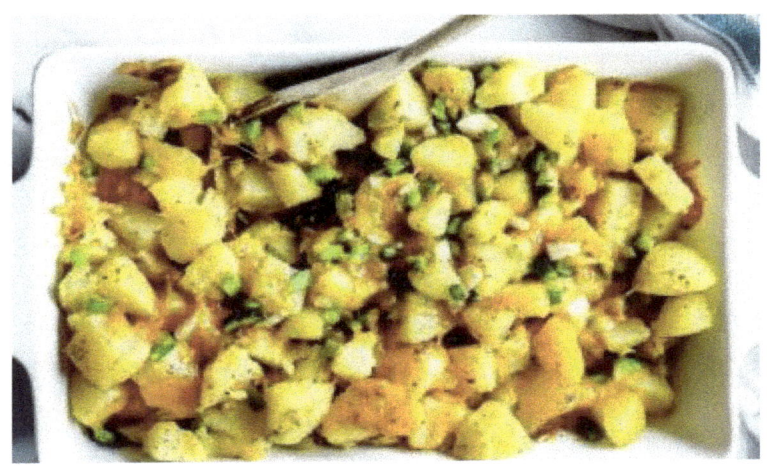

يجعل: 4 حصص

مكونات:

- 3 بطاطس روسيت ، مقطعة إلى 8 شرائح طولية
- 1 بصلة مقطعة ناعماً
- 2 ملاعق كبيرة زيت زيتون
- 1 ملعقة كبيرة بقدونس مفروم طازج
- نصف ملعقة صغيرة من مسحوق الثوم
- نصف ملعقة صغيرة ملح
- ملعقة صغيرة فلفل مطحون خشن
- 1 كوب جبن شيدر مبشور

تعليمات:

a) تُمزج شرائح البطاطس والبصل والزيت والبقدونس ومسحوق الثوم والملح والفلفل في وعاء خلط كبير.

b) ضع طبقة واحدة في صينية الشواء المصنوعة من رقائق الألومنيوم. غطي بوعاء رقائق آخر. استخدم ورق الألمنيوم لتقوية الحافة المغلقة للحزمة.

c) ضعه على شواية على نار متوسطة واتركه يطهى لمدة 40 إلى 50 دقيقة ، أو حتى ينضج ، رج العبوة من حين لآخر وقم بتدويرها رأسًا على عقب في منتصف الشواء. قم بإزالة الغطاء وفوقه بالجبن.

d) يُطهى لمدة 3 إلى 4 دقائق لمدة أطول ، مغطى حتى يذوب الجبن.

51. كوسة وكوسة مشوية

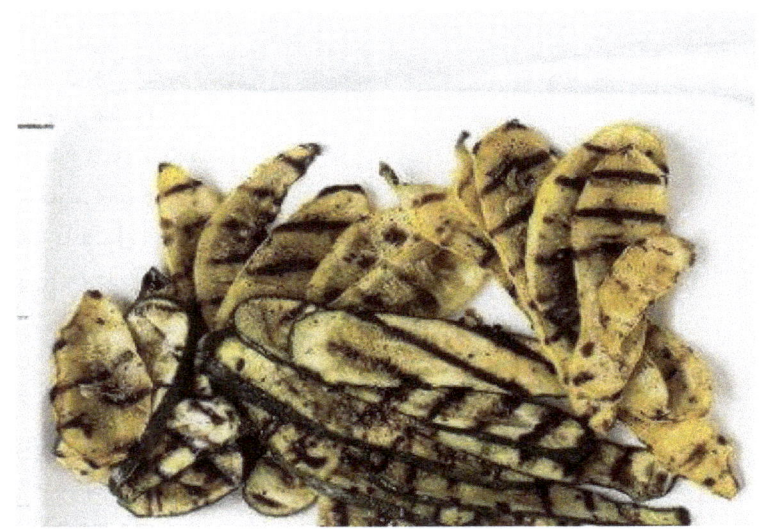

يجعل: 4 حصص

مكونات:
- نصف كوب زيت زيتون
- ربع كوب فلفل حار مفروم
- 2 ملاعق طعام من بذور الكومينو
- الملح والفلفل حسب الذوق
- 2 كوسة مقطعة بالطول
- 2 القرع الصيفي ، مقطعة
- نصف كوب زيت زيتون
- ربع كوب عصير ليمون طازج
- 3 ملاعق كبيرة عسل
- ربع كوب كزبرة طازجة ، مقطعة إلى مكعبات تقريبًا
- الملح والفلفل حسب الذوق
- 1 ملعقة كبيرة ثوم مفروم

تعليمات:
a) في وعاء صغير ، اخفقي كل مكونات التتبيلة واتركيها جانبًا.
b) يُمزج زيت الزيتون والثوم والفلفل الحار وبذور الكومينو في وعاء خلط متوسط الحجم.
c) اخلطي الكوسة وألواح الكوسة جيدًا حتى تتم تغطية القرع.
d) سخني الشواية على درجة حرارة متوسطة إلى عالية واطهي القرع لمدة 3 دقائق على كل جانب أو حتى يصبح لونه بنيًا تمامًا.
e) أخرجي الكوسة من الشواية ، ضعيها في صينية ورشي عليها الصلصة.

52. بوك تشوي مشوي

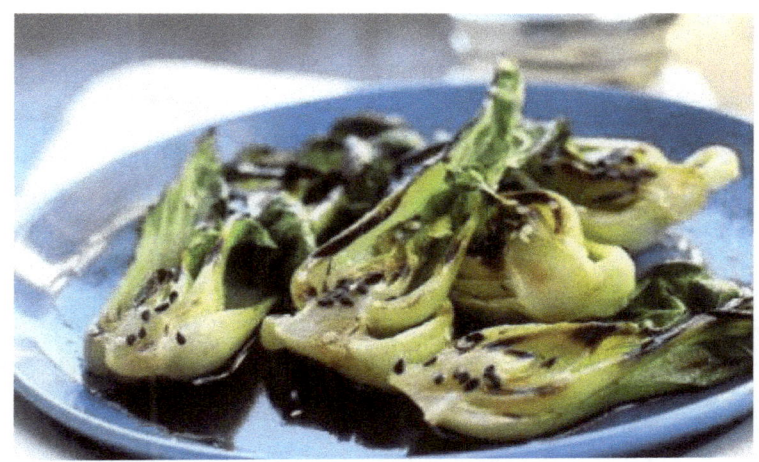

يجعل: 6

مكونات:

- 2 رأس بوك تشوي
- نصف كوب من نبيذ الأرز والخل
- 1 ملعقة كبيرة صلصة فلفل حار
- ملح وفلفل
- نصف كوب زيت نباتي
- 2 بصل أخضر مكعبات
- 2 ملاعق طعام من بذور السمسم

تعليمات:

a) في طبق ، اخلطي الخل وصلصة الفلفل الحار والملح والفلفل.

b) أضف الزيت. يُمزج البصل وبذور السمسم جيداً.

c) سخني الشواية وضعي قطع الملفوف الصيني لمدة 2 إلى 5 دقائق ، حتى تنضج وتنضج.

53. جزر مشوي على الفحم مع مرق لافاج

يجعل: 6

مكونات:
- 6 حبات جزر متوسطة ويفضل أن تكون أرجوانية

مرق الفاج
- 2 لتر من مرقة الخضار
- 1 ملعقة كبيرة خل نبيذ أبيض
- قطعة واحدة من الكركم ، مقطعة إلى شرائح مع الجلد
- 1 ملعقة صغيرة فلفل أسود
- 1 غصن كاشم
- 1 ملعقة صغيرة فلفل سيتشوان
- 1 ملعقة صغيرة بذور كزبرة

ليخدم
- كاشم
- أوراق البقدونس
- الجرجير
- زيت الكانولا المعصور على البارد

تعليمات:

a) يُغلى مرق الخضار والكركم والفلفل وبذور الكزبرة وفلفل سيتشوان. يخلط في الكشمش والخل.

b) يقلب عدة مرات ، ثم يغطى ويترك جانباً لمدة 20 دقيقة. يصفى ويتبل بالملح والفلفل.

c) املأ الشواية نصفها بالفحم أو جذوع الأشجار حتى تتمكن من تحميص الجزر لاحقًا باستخدام الحرارة غير المباشرة. أشعل الشواية ، وبعد أن تصبح ساخنة ، ضع الجزر على الفحم مباشرة للسماح للطبقة الخارجية بالاحتراق. باستخدام الملقط ، اقلب عدة مرات.

d) التقط الجزر وضعه على الجانب الخالي من الفحم من الشواية.

e) تحمص لمدة 30 دقيقة على نار غير مباشرة.

f) ضعي ثم ضعي المرق وبضع قطرات من زيت الكانولا العطري.

54. الهليون المشوي

يجعل: 4

مكونات:
- 1 حزمة هليون
- 2/1 كوب خل بلسمي
- الملح اندفاعة

تعليمات:
a) سخن الشواية ، سواء كانت غاز أو فحم.
b) اتركيه لمدة 15-30 دقيقة لينقع الخل في الهليون. انقع لمدة ساعة للحصول على النكهة المثالية.
c) ضع الهليون ببطء على رف السلك العلوي للشواية.
d) يُطهى حتى يصبح طريًا ومقرمشًا ويتحول إلى اللون البني الجميل.

55. <u>فطر بورتوبيللو مشوي</u>

يصنع: 4 حصص

مكونات:
- 4/1 ملعقة صغيرة مسحوق بصل
- 4 فطر بورتوبيللو ، منزوع السيقان
- رشة ملح
- 2/1 كوب فلفل أحمر مفروم
- 4 ملاعق كبيرة زيت زيتون
- 2/1 ملعقة صغيرة فلفل أسود
- 1 فص ثوم مفروم

تعليمات:
a) سخني الشواية الخارجية إلى درجة حرارة متوسطة وزيت شبكة الشواية بقليل من الزيت.

b) في وعاء كبير ، اخلطي الفلفل الأحمر والثوم والزيت ومسحوق البصل والملح والفلفل الأسود المطحون.

c) يُشوى الفطر لمدة 15 إلى 20 دقيقة على نار غير مباشرة ثم يُقدم مع مزيج الفلفل الأحمر.

56. شيبس متبلة مشوية

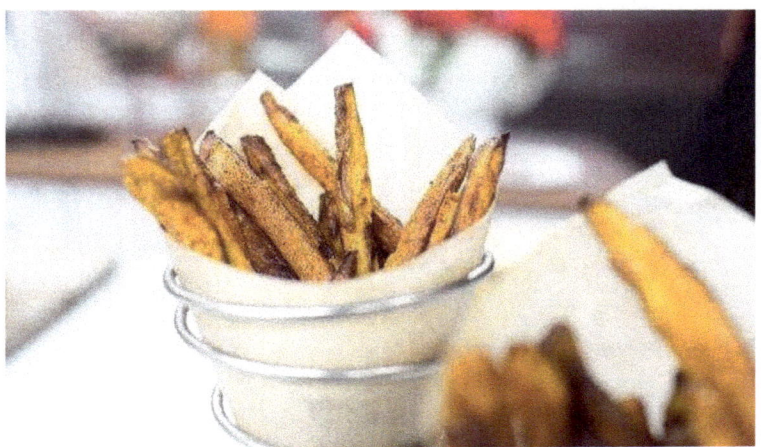

يصنع: 4 إلى 6 حصص

مكونات:

- 1 رطل من البطاطس ، مقطعة إلى شرائح ومسلوقة
- 3 ملاعق كبيرة زيت زيتون
- 2 فص ثوم مفروم
- ملح وفلفل
- ½1 ملعقة صغيرة من مسحوق الفلفل الحار
- 3 ملاعق كبيرة زيت نباتي
- 1 رشة كايين

تعليمات:

a) يُمزج خليط التوابل.
b) صفي البطاطس المسلوقة وقلبيها على الفور في خليط التوابل الذي تم تحضيره.
c) تخلط بلطف وتنقل إلى شواية ساخنة.
d) اشوي الرقائق على الفحم الساخن.
e) دهن البطاطس بأي خليط توابل متبقية بينما تستمر في النضج.

57. <u>كالي محمص</u>

يجعل: حوالي 8-10

مكونات:
- 500 جرام كرنب
- قرصة ملح البحر
- 4 فصوص ثوم صغيرة
- نصف كوب زيت زيتون
- رشة فلفل أسود مطحون

تعليمات:
a) سخن الفرن مسبقًا إلى 120 درجة مئوية (250 درجة فهرنهايت / غاز 12).
b) رشي زيت الزيتون فوق أوراق اللفت والثوم في صينية خبز.
c) يتبل جيدا بالملح والفلفل ثم يشوى لمدة 20 دقيقة.
d) انزع الأوراق المحمصة وضعها على رف سلكي لتبرد ، باستخدام ورق الخبز لالتقاط أي زيت إضافي.

لایداسیوکو زبخو ازتیب

58. خبز الجبن المشوي

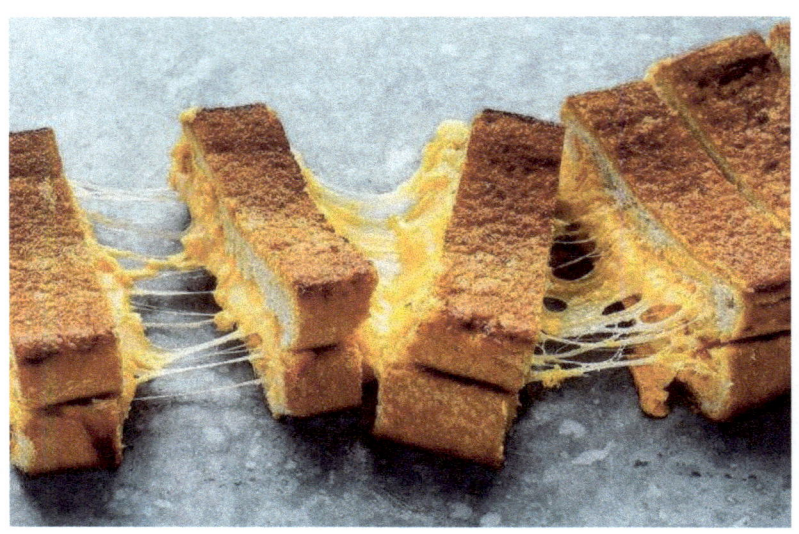

يجعل: 2 ساندويتش

مكونات:

- 3 أونصات جبنة كريمية
- 4/1 كوب بصل أخضر مقطع إلى مكعبات
- 2 ملعقة كبيرة زبدة أو سمن
- 2/1 ملعقة صغيرة ملح ثوم
- 1 كوب جبن موزاريلا مبشور
- 1 رغيف خبز فرنسي

تعليمات:

a) يُمزج الجبن الكريمي والزبدة في وعاء الخلط.
b) اخلطي الجبن والبصل وملح الثوم.
c) انتشر على جانبي كل قسم من الخبز.
d) لف ورق القصدير حول الخبز.
e) شوى ، مغطى ، لمدة 8-10 دقائق على الفحم المعتدل ، بالتناوب مرة واحدة
f) أزيلي ورق القصدير واطهيه لمدة 5 دقائق أخرى.

59. <u>كالزونيس المشوي</u>

يصنع: 6 كالزونيس

مكونات:
- 8 قطع خبز ساندويتش أبيض
- 2 كوب جبن مونتيري جاك مبشور
- 12 قطعة رقيقة من السلامي النباتي
- 2 ملاعق كبيرة سمن
- 2/1 كوب صلصة بيتزا

تعليمات:
a) سخن الشواية على الفحم أو الغاز.
b) افرد المارجرين على جانب واحد من شريحتين من الخبز.
c) ضعي قطعة واحدة على الشواية مع وضع المارجرين لأعلى.
d) في وسط الخبز ، وزعي صلصة البيتزا.
e) يُرش نصف كوب من الجبن وثلاث شرائح سلامي نباتي في الأعلى.
f) ضعي الجزء المتبقي من الخبز على الوجه والسمن إلى الأسفل.
g) يُشوى لمدة 8 إلى 10 دقائق ، بالتناوب مرة واحدة ، على نار معتدلة ، حتى يصبح لون الخبز بنياً ذهبياً ويذوب الجبن.

60. بيتزا بيتا

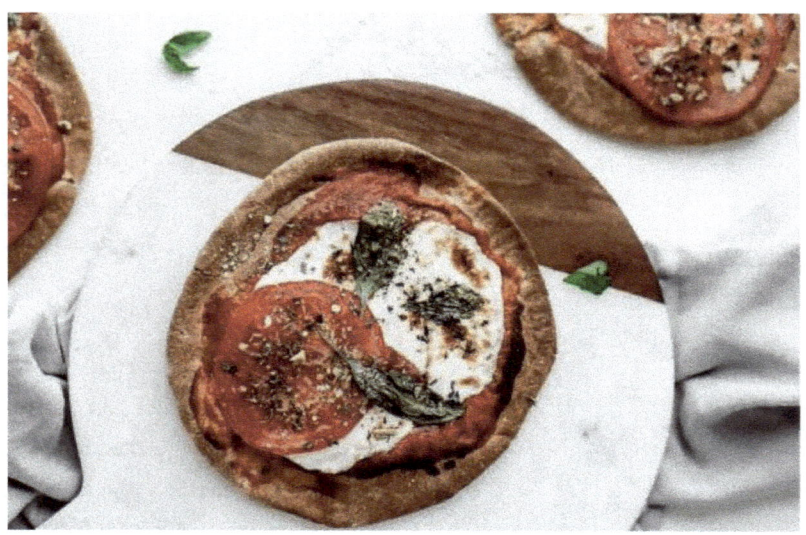

يصنع: 1 بيتزا

مكونات:
- 3 ملاعق كبيرة صلصة بيتزا
- 1 خبز
- 1 ملعقة صغيرة زيت زيتون
- 2/1 كوب جبن موزاريلا مبشور
- 4/1 كوب فطر كريميني مقطع
- 8/1 ملعقة صغيرة ملح ثوم

تعليمات:
a) سخن الشواية.
b) انثر زيت الزيتون على خبز البيتا.
c) أضيفي الصلصة والجبن ثم ضعي الخضار فوقها.
d) يتبل بملح الثوم.
e) ادهن الشواية بالزيت برفق.
f) سخني الشواية واطبخي حتى يذوب الجبن تمامًا.

61. شطائر بيتزا

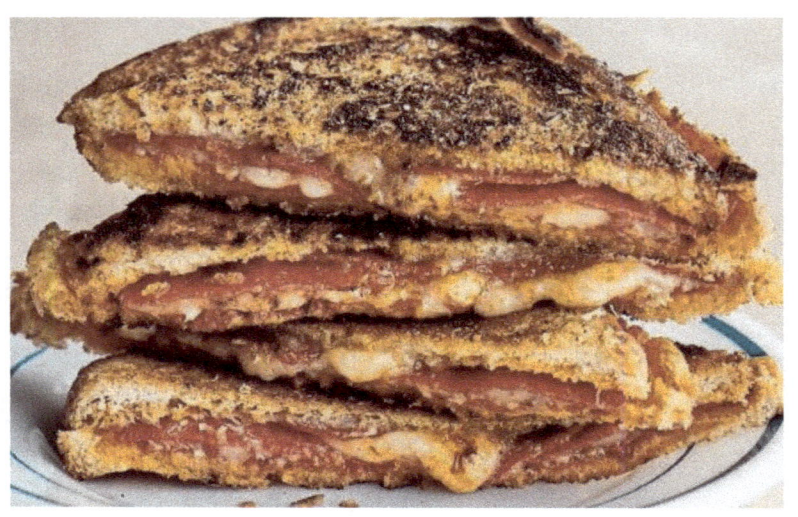

يصنع: 4 حصص

مكونات:

- خبز
- سمنة
- 1 علبة صوص بيتزا
- بيبروني
- 1 عبوة بيتزا جبنة مبشورة

تعليمات:

a) ضع الخبز على صينية الخبز.
b) يُغطى بصلصة البيتزا والبيبروني وجبنة البيتزا.
c) ادهن شريحة أخرى من الخبز بالزبدة وضعها فوق شطيرة البيتزا الخاصة بك.
d) لف شطيرة البيتزا في ورق القصدير واطبخها لمدة 3-4 دقائق لكل جانب على جمر ساخن.

62. خبز مشوي بالطماطم

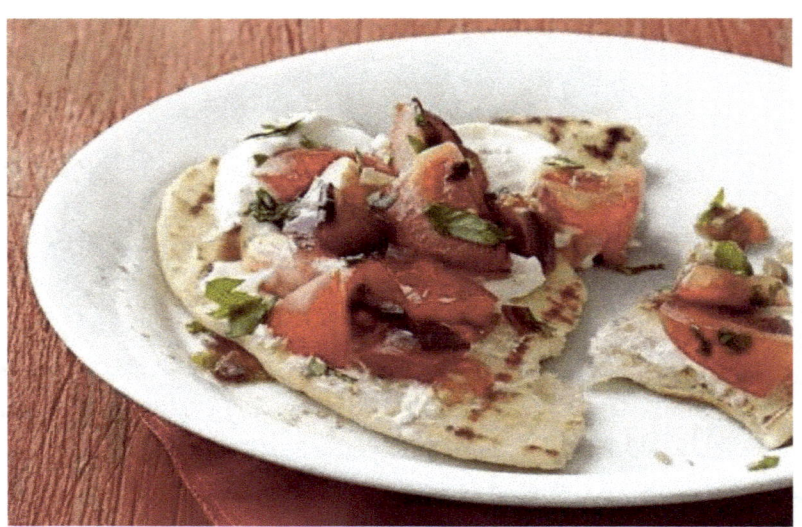

يجعل: 4 حصص

مكونات:

- 4 حبات طماطم كبيرة ، مغسولة ومقطعة إلى مكعبات
- ¼ كوب أوراق ريحان ، ممزقة
- 6 قطع خبز مقطعة إلى أنصاف
- 3 فصوص ثوم كبيرة ، مهروسة قليلاً
- ملح وفلفل
- 4 ملاعق كبيرة زيت زيتون

تعليمات:

a) اخلطيهم مع أوراق الريحان في وعاء صغير.
b) اشوي شرائح الخبز حتى يصبح لونها بني فاتح من كلا الجانبين. باستخدام فص ثوم ، افركي كل قطعة.
c) يُوزّع جزء من مزيج الطماطم فوق التوست ويُتبّل بالملح والفلفل ويُرشّ بزيت الزيتون.

63. خبز مشوي مع باذنجان

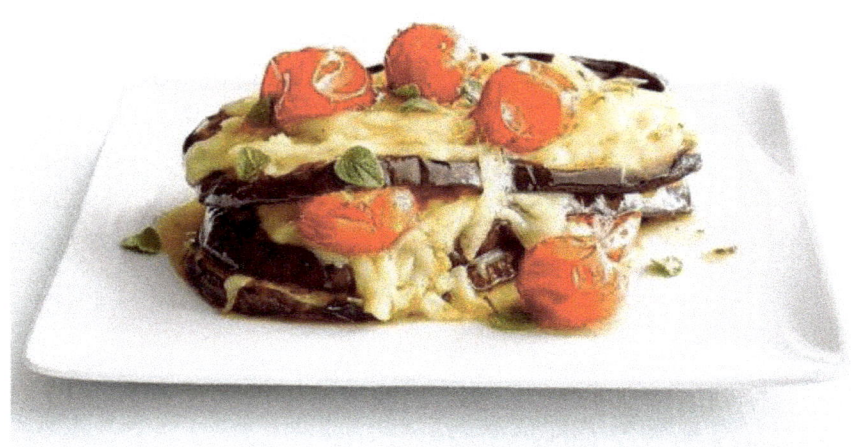

يجعل: 6

مكونات:

- 2 باذنجان
- 2 فلفل أحمر
- زيت الزيتون البكر الممتاز
- 3 ملاعق كبيرة زيت زيتون
- 6 شرائح خبز بلد أو فلاح
- ملح البحر حسب الرغبة
- 1 فص ثوم كبير ، مقطع أنصاف
- 3 طماطم صغيرة ناضجة ، نصف صليب ؛ حكيم

تعليمات:

a) اشوي الباذنجان والفلفل الأحمر تحت الشواية.

b) اشوي الخضار حتى تتفحم تمامًا ويصبح الباذنجان طريًا ، مع تقليبها بملقط كل بضع دقائق.

c) قم بفك غلاف الخضار وتقشيرها بعد 20 دقيقة. انزع اللب ، اكشط البذور ، ثم قطّع اللب إلى شرائح طويلة وناعمة بعد تقطيع الفلفل إلى النصف بالطول.

d) في طبق ، يُمزج الفلفل والباذنجان مع زيت الزيتون والثوم.

e) بينما لا يزال الخبز دافئًا ، ضعي فصًا من الثوم في القشرة.

f) افركي أنصاف الطماطم على الخبز المحمص.

g) رشي الملح وزيت الزيتون ، ثم ضعي فوقه قطعة من الإسكاليفادا المتشابكة.

64. بانيني مشوي

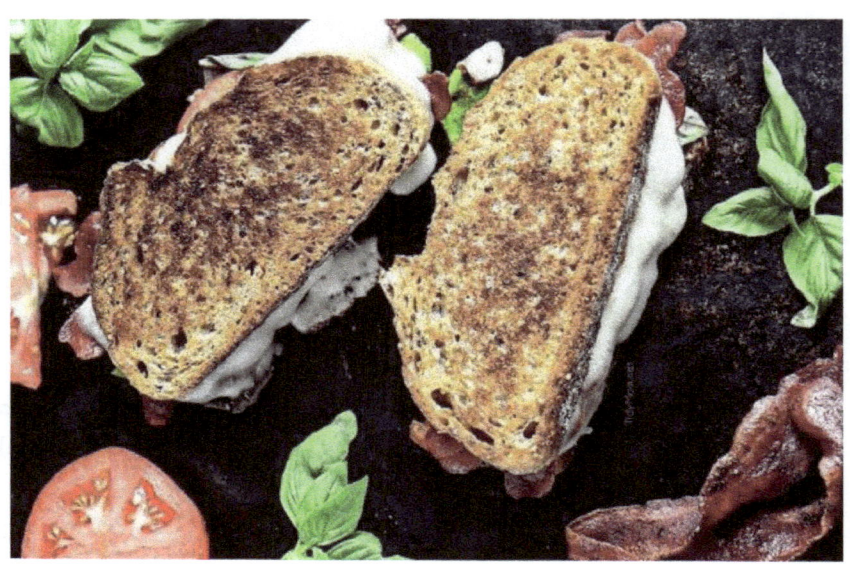

يجعل: 1 حصة

مكونات:

- 1 ملعقة صغيرة خميرة
- 3¼ كوب دقيق
- 1½ ملعقة صغيرة ملح
- نصف ملعقة صغيرة سكر
- 1¼ كوب ماء دافئ
- 3 ملاعق كبيرة زيت زيتون

تعليمات:
بالترتيب المحدد ، ضع المكونات في صينية آلة الخبز.
a) بعد اكتمال الدورة ، قسّمي العجينة إلى ست قطع.
b) اعجن العجين إلى كرات ، ثم افرده على شكل بيضاوي.
c) تُخبز البانيني لمدة 7 دقائق أو حتى تنتفخ.
d) قطع بالطول ثم املأه بمجموعة متنوعة من الجبن والمخللات والسلطات.
e) نحمص البانيني على شواية السندويتش حتى يصبح لونها بنياً ذهبياً.

65. خبز شواء بالأعشاب والبصل

يجعل: 6 حصص

مكونات:

- عبوة واحدة من الخميرة الجافة النشطة
- 1¼ كوب ماء فاتر
- 1½ كوب دقيق القمح الكامل أو دقيق الأرز البني
- 1 حفنة بصل أخضر
- 1 ملعقة طعام روزماري مكعبات
- 1 ملعقة كبيرة زعتر مكعبات
- 1 ملعقة كبيرة حكيم مكعبات
- 1 ملعقة طعام زيت زيتون
- 2 ملاعق صغيرة ملح
- 2 كوب دقيق غير مبيض
- رذاذ الطبخ

تعليمات:

a) تُذوّب الخميرة في الماء في وعاء خلط كبير وتترك جانباً حتى تصبح فقاعات. يضاف دقيق القمح الكامل والبصل الأخضر وإكليل الجبل والزعتر والمريمية واحدة تلو الأخرى.
b) يُمزج زيت الزيتون والملح والدقيق الأبيض.
c) اعجن لمدة 10 دقائق على سطح مرشوش قليلًا بالدقيق ، مع إضافة المزيد من الدقيق حسب الحاجة لمنعه من الالتصاق.
d) شكليها على شكل كرة وضعيها في طبق خَبز مُرش بخفة.
e) سخن الشواية على حرارة متوسطة إلى عالية.
f) اصنع ست كرات من العجين.
g) ضع الأرغفة على الشواية واطبخها لمدة 2 إلى 3 دقائق على كل جانب ، مع التقليب في منتصف الطريق ، حتى يتحول لونه إلى لون بني فاتح.

66. كاساديا الفاصوليا السوداء المشوية

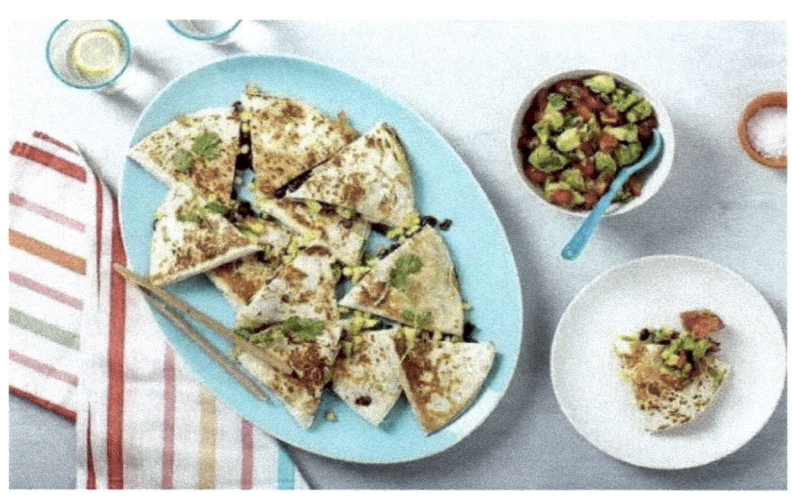

يجعل: 1 حصة

مكونات:

- 2 ملاعق كبيرة طماطم مكعبات
- 2 ملاعق كبيرة بصل أخضر. مكعبات
- 2 ملاعق طعام ذرة مشوية
- 1 ملعقة كبيرة كزبرة مكعبات
- ربع كوب فاصوليا سوداء مطبوخة ومهروسة
- 8 أونصات من جبن الشيدر مبشور
- رشة كمون
- رشة فلفل تشيلي
- رشة ملح
- الصلصا
- رشة فلفل مطحون
- 4 تورتيلا طحين
- 8 حبات فليفلة ملونة ، مقطعة إلى مكعبات

تعليمات:
a) سخن الشواية على درجة حرارة معتدلة.
في طبق ، اخلطي كل المكونات.
b) على سطح التورتيلا ، وزعي خليط الحشو برفق.
ضعي التورتيلا الثانية فوق المكونات.
c) رش التورتيلا العلوية والسفلية برفق برذاذ طبخ بام.
d) ضعي الكساديا على الشواية واتركيها على جانب واحد لمدة 4 إلى 5 دقائق.
e) اقلبها وحمرها لبضع دقائق.
f) تقدم مع صلصة من اختيارك.

67. <u>كاساديا بالجبنة المشوية الحارة</u>

يجعل: 8 حصص

مكونات:

- 3 ملاعق كبيرة زيت نباتي
- ½ بصل أحمر مقشر رقيقًا
- 8 تورتيلا طحين
- 1 قشر فلفل أحمر مشوي
- 4 أونصات جبنة موزاريلا مبشورة
- 6 أونصات جبن مونتيري جاك مبشور
- 2 فص ثوم مفروم
- 2 ملاعق كبيرة من البردقوش الطازج
- 2 ملاعق كبيرة من الأوريجانو الطازج
- نصف ملعقة صغيرة ملح
- رشة فلفل أسود

تعليمات:

a) على نار متوسطة ، يُطهى البصل مع التقليب من حين لآخر ، حتى يذبل ويصبح شفافًا ، لمدة 5 دقائق.

b) سخن صينية الخبز على الساخن.

c) يُمزج البصل وشرائح الفلفل الأحمر والجبن والثوم والمردقوش والأوريغانو والملح والفلفل في وعاء كبير ويوضع الحشوة بين الكساديا.

d) تُشوى التورتيلا لمدة 3 دقائق على كل جانب أو حتى تذوب الجبن وتحمر بلطف.

68. كاساديلا الخضار المشوية

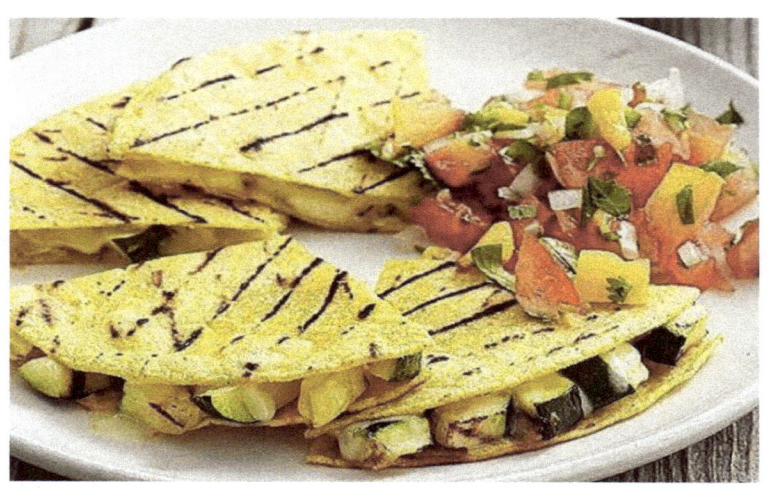

يجعل: 4 حصص

مكونات:

- 2 فلفل أحمر
- 1 فلفل أخضر
- 2 فليفلة صفراء
- 2 فلفل أنهايم حار؛ المصنف
- 1 بصلة مقشرة ومقطعة
- 1 أفوكادو كبير مقشر ومهروس
- 3 ملاعق كبيرة زبادي مصفى
- 1 ملعقة كبيرة جبن بارميزان مبشور طازج
- نصف ملعقة صغيرة فلفل أسود مطحون طازجًا
- 4 تورتيلا من القمح الكامل
- 6 طماطم نصف ومصنف
- 3 ملاعق كبيرة مكعبات كزبرة طازجة

تعليمات:

a) ضع الطماطم والفلفل والبصل على الشواية مباشرة. اجلس جانبا.

b) إزالة قشر الفلفل الأسود المتفحم عن طريق تقشيرها أو شطفها.

c) وزعي الأفوكادو المهروس واللبن المصفى وجبنة البارميزان والفلفل الأسود فوق التورتيلا بالتساوي.

d) ضعي الخضار المشوية في طبقات بالترتيب التالي: البصل والطماطم والأصفر والأحمر والأخضر وفلفل أنهايم.

e) لف الكيزاديلا من الجانب المحمّل إلى السديلة الفارغة ورشها بالكزبرة.

f) انقل الكيساديلا إلى صينية وشواية لمدة 10 دقائق بعد تغطيتها بورق الألمنيوم.

رغربو شيودناس

69. برجر أرز بالعدس

يصنع: 8 حصص

مكونات:
- نصف كوب عدس
- 1 بطاطا حلوة
- 10 أوراق سبانخ طازجة ، مبشورة
- 1 كوب فطر طازج مقطع إلى مكعبات
- ربع كوب بقسماط
- 1 ملعقة صغيرة طرخون
- 1 ملعقة صغيرة ثوم بودرة
- 1 ملعقة صغيرة من رقائق البقدونس
- نصف كوب أرز طويل الحبة

تعليمات:
a) يُطهى الأرز حتى يصبح طريًا ولزجًا قليلاً ، ثم يُضاف العدس.
b) افرمي البطاطا الحلوة المطبوخة المقشرة.
يُمزج مزيج الأرز والبطاطا الحلوة وجميع المكونات الأخرى في وعاء الخلط.
c) برد لمدة 15 إلى 30 دقيقة. شكليها على شكل فطائر واطهيها على شواية خارجية باستخدام شواية خضروات.
d) تأكد من الزيت أو رش المقلاة باستخدام بام لمنع الالتصاق بالبرغر.

70. برجر مونج بين بالزيتون

يصنع: 4 حصص

مكونات:

- 2/1 كوب من الفاصوليا الخضراء ، منقوعة ومطبوخة
- 1 ملعقة طعام من بذور الكتان الذهبية المطحونة
- نصف ملعقة صغيرة فلفل أسود
- كوب زيتون كالاماتا مفروم ناعماً
- نصف ملعقة صغيرة زعتر
- ¼ – ½ ملعقة صغيرة ملح بحر سلتيك
- 1 ملعقة كبيرة معجون طماطم عضوي
- 1 ملعقة كبيرة طماطم مجففة ، مقطعة إلى مكعبات
- كوب بقدونس طازج مفروم
- نصف كوب بصل مقطع مكعبات
- 2 فص ثوم مفروم

تعليمات:

a) سخني الفرن إلى 375 درجة فهرنهايت.
b) في وعاء ، اخلطي بذور الكتان مع الماء.
c) في محضر الطعام ، اهرس الفول حتى يصبح قوامه ناعمًا.
d) ضعها في حوض خلط متوسط الحجم.
e) أضيفي الزيتون والبصل والثوم والطماطم المجففة والبقدونس والتوابل ومعجون الطماطم ومزيج الكتان.
f) شكليها في 4-6 برجر ووزعيها بالتساوي على صينية.
g) يُطهى لمدة 15 دقيقة على جانب واحد ، ثم يُقلب ويُطهى لمدة 5 دقائق أخرى.

.71 برجر الفاصوليا السوداء مع الشيدر والبصل

يجعل: 6

مكونات:
- 400 غ من الفاصوليا السوداء المطبوخة
- زيت الفول السوداني للقلي
- 65 جرام بصل مفروم ناعماً
- 1 ملعقة صغيرة بابريكا مدخنة
- 3 ملاعق كبيرة صلصة باربيكيو
- 1 ملعقة صغيرة من مسحوق الفلفل الحار
- 50 جرام جوز محمص جاف
- 2 ملاعق كبيرة كزبرة مفرومة ناعماً
- 100 جرام أرز أسود مسلوق
- 25 جرام فتات خبز بانكو
- ملح البحر
- بصل محمر
- 2 بصل
- 2 ملاعق كبيرة زبدة
- 1 ملعقة كبيرة خل نبيذ أحمر

ليخدم
- 120 جرام شيدر
- 6 خبز برجر ، مقطع أنصاف
- زبدة للكعك
- أوراق الخس الروماني

تعليمات:
a) في مقلاة ، سخني الزيت واقلي البصل.
b) خففي النار وأضيفي الفلفل الحار والفلفل الحلو.
c) أضيفي صلصة الباربيكيو.
d) في وعاء للخلط ، أضيفي الجوز مع الفول ، والكزبرة ، والأرز ، وفتات الخبز البانكو ، وقليل من الملح.
e) قلبي مزيج البصل حتى يمتزج جيدًا.
f) شكلي 6 فطائر دائرية مع حفنة من الخليط في وقت واحد ، ثم غلفيها بغشاء بلاستيكي.
g) الثلاجة لمدة ساعة واحدة على الأقل.

h) نضع البصل في وعاء بارد بعد تقشيره وتقطيعه. ضعي الزبدة في القدر وضعيها على نار متوسطة ثم غطيها.

i) صُب الخل وارفع درجة الحرارة واتركه يطهى لمدة 15 دقيقة أو حتى يقل السائل بشكل كبير.

j) تسخين الشواية إلى 350 درجة فهرنهايت ثم زاغمر الفطائر لبضع دقائق على كلا الجانبين ، حتى يتكوّن لون جيد.

k) ضعوا فوق كل برجر شريحتين من الجبن واشويهم حتى يذوب الجبن.

l) ادهن الأسطح المقطوعة لشواية الخبز بالزبدة.

m) في الجزء السفلي من كل خبز ، ضع فطيرة.

n) أضف ورقة خس وقطعة كبيرة من البصل بالكراميل فوقها.

72. برجر الأفوكادو المشوي مع الفاصوليا المتبلة

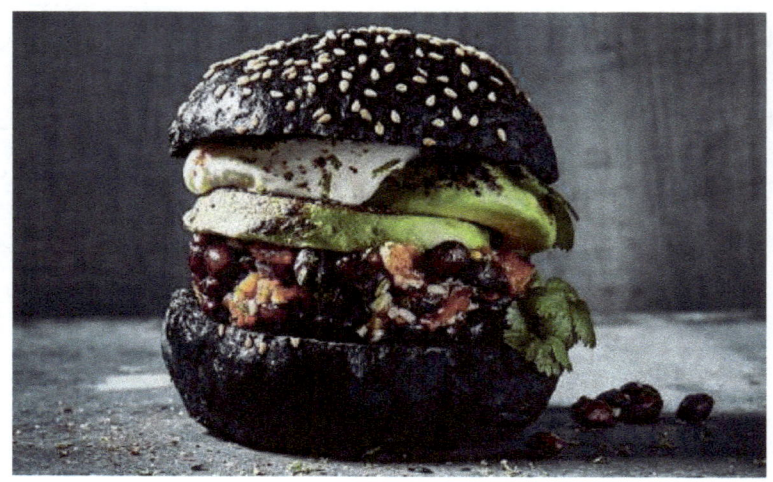

يجعل: 6
مكونات:
- 3-4 حبة أفوكادو متوسطة الحجم
- عصير 1 ليمونة
- زيت الزيتون

الفاصوليا المنقوعة
- 1 ملعقة كبيرة خل نبيذ أبيض
- 200 جرام فاصوليا سوداء مطبوخة
- 2-3 طماطم مدخنة
- 1 بصلة خضراء مفرومة ناعماً
- 1 ملعقة صغيرة سيرانو تشيلي مفروم ناعماً
- 1 ملعقة كبيرة كزبرة مفرومة ناعماً
- 1 ملعقة صغيرة ثوم مفروم ناعم
- 2 ملاعق كبيرة زيت زيتون
- قشر 1 ليمونة

ليخدم
- 6 خبز برجر ، مقطع أنصاف
- زبدة للكعك
- 6 ملاعق كبيرة قشطة طازجة
- البقدونس والكزبرة
- فلفل حريف

تعليمات:
a) حضري الطماطم المدخنة على الشواية.
b) اخلطي الطماطم المفرومة المدخنة مع المكونات الأخرى والفاصوليا المنقوعة.
c) ضعي شرائح الأفوكادو على طبق ورشي عليها عصير الليمون والزيت.
d) اشوي شرائح الأفوكادو بسرعة على الشواية على حرارة عالية جدًا أو استخدم موقد اللحام للتخلص من السطح.
e) اشوي الخبز بسرعة على الشواية مع الزبدة على السطح المقطوع.
f) على كل خبز ، وزعي ملعقة كبيرة من الفاصوليا المتبل ، وشرائح الأفوكادو ، وكريم فريش ، والبقدونس والكزبرة
g) يرش القليل من الفلفل الحار حتى النهاية.

73.   **برجر الكينوا والبطاطا الحلوة**

يجعل: 6

مكونات:

- 3 بطاطا حلوة متوسطة الحجم مخبوزة
- 2 بيض
- 1 كوب دقيق الحمص
- 1 ملعقة صغيرة من مسحوق الفلفل الحار
- 1 ملعقة كبيرة خردل ديجون الحبوب الكاملة
- 1 ملعقة كبيرة زبدة الجوز أو غيرها من زبدة البندق
- عصير نصف ليمونة
- رشة ملح البحر
- 200 جرام كينوا
- زيت الفول السوداني للقلي
- كريم الفجل الحامض
- 3 ملاعق كبيرة فجل مبشور ناعماً
- 1¼ كوب كريمة حامضة
- ملح البحر

ليخدم

- 6 خبز برجر ، مقطع أنصاف
- زبدة للكعك
- كراث آسيوي أحمر مقطع إلى شرائح رفيعة
- الثوم المعمر المفروم ناعما

تعليمات:

a) قسّمي البطاطس بالطول واستخدمي ملعقة لكشط الدواخل.

b) اخلطي البيض في محضر الطعام واخلطي البطاطا الحلوة ودقيق الحمص ومسحوق الفلفل الحار والخردل وزبدة البندق وعصير الليمون والملح. أضف الكينوا.

c) باستخدام حفنة من الخليط في وقت واحد ، شكل فطائر مستديرة.

d) في وعاء للخلط ، يُمزج الملح والفجل والقشدة الحامضة.

e) على نار متوسطة ، اشوي الفطائر لبضع دقائق على كلا الجانبين.

f) ادهن الأسطح المقطوعة بالزبدة وشويها بسرعة.

g) ضعي البرغر في قاع كل خبز وغطّيه بالكريمة الحامضة الفجل والكراث والثوم المعمر.

74. سندويتشات تشيلي وجبنة مشوية

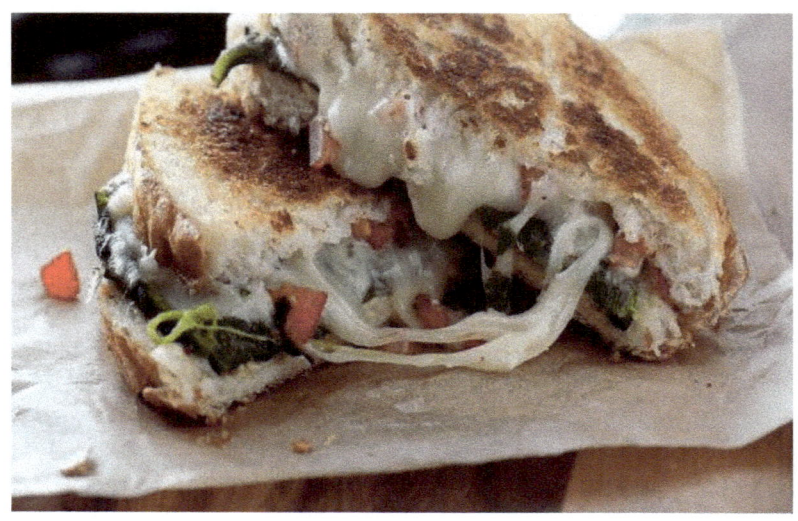

يجعل: 4 حصص
مكونات:

● علبة 4 أونصات من الفلفل الأخضر الكامل ؛ استنزاف
● 8 قطع خبز أبيض
● 4 قطاعات مونتيري جاك ؛ 1 أوقية لكل منهما
● 4 شرائح جبن شيدر 1 أوقية لكل منهما
● 3 ملاعق كبيرة سمن أو زبدة. خففت

تعليمات:

a) ضعي شريحة من جبنة مونتيري جاك وشرائح الفلفل الحار وجبن الشيدر على 4 شرائح من الخبز
b) وزعي السمن على السطح الخارجي لكل شطيرة.
c) سخن الشواية على حرارة متوسطة إلى 375 درجة فهرنهايت.
d) يُطهى لمدة 3 دقائق على كل جانب ، أو حتى يذوب الجبن.

75. سندويتش شواء فاكهة الفول السوداني

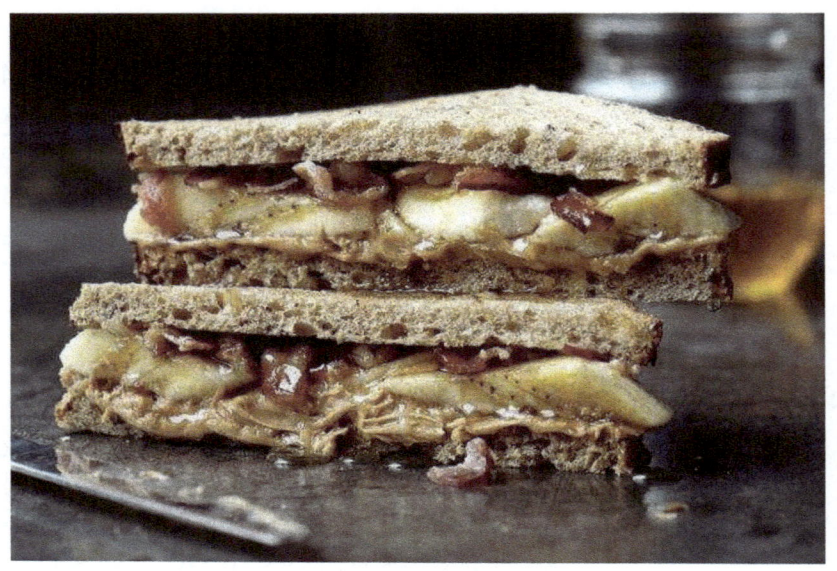

يجعل: 1 حصة

مكونات:

- 12 قطعة خبز أبيض
- سمنة؛ خففت
- نصف كوب زبدة فول سوداني ناعمة
- كوب أناناس مجروش ؛ مصفى جيدا
- 1 كوب مذاق التوت البري البرتقالي

تعليمات:

a) زبدة الخبز على كلا الجانبين.
b) وزعي زبدة الفول السوداني والأناناس المسحوق بالتساوي على 6 شرائح خبز.
c) أضف نكهة التوت البري والبرتقال إلى خليط زبدة الفول السوداني.
d) ضعي فوقها شرائح الخبز الأخرى واشويها حتى يصبح لونها بنياً ذهبياً على كلا الجانبين.
e) يُقطّع إلى قطع ويُقدّم على الفور.
f) قدميها مع أعواد الكرفس والجزر كزينة.

76. سندويتش جبن مشوي نباتي صحي

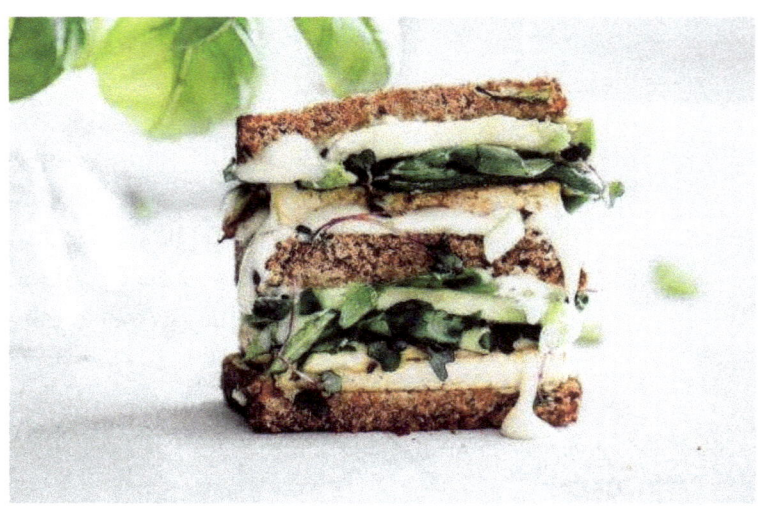

يصنع: 3 سندويشات

مكونات:
- 1 كوسة ، مقطعة إلى شرائح طولية بسمك 2 سم
- نصف كوب سبانخ طازجة
- 4 أوقيات. توفو مدخن مقطع شرائح
- حبة أفوكادو مقشرة ومقطعة إلى شرائح
- 1 بصلة خضراء مقطعة مكعبات
- 3 ملاعق كبيرة كاجو مايونيز
- 4-5 ملاعق كبيرة من صلصة الجبن النباتي
- حفنة براعم
- 6 شرائح خبز

تعليمات:
a) في مقلاة شواء ساخنة ، اقلي شرائح الكوسا والتوفو لمدة 3 دقائق ، ثم اقلبها واتركها تطهى لمدة 3 دقائق أخرى. ضعه على طبق ليبرد.
b) ضع قطع الخبز جنبًا إلى جنب وافرد ملعقة من الكاجو المايونيز على كل شريحة من الشرائح الثلاث السفلية.
c) يُغطى بالسبانخ والبصل الأخضر والبراعم وصلصة الجبن وشرائح الأفوكادو.
d) غطيها بقطعة خبز.
e) سخني مقلاة من الحديد الزهر على نار متوسطة قبل إضافة السندويشات.
f) اضغطي على سندويشات الجبن النباتي لبضع ثوان باستخدام ملعقة ، ثم غطيها بغطاء واطهيها لمدة 3-4 دقائق ، أو حتى تتكون قشرة ذهبية.

77. سندويتشات الجبن الأزرق المشوي والمكسرات

يجعل: 1 حصة

مكونات:
- 1 كوب جبنة زرقاء مفتتة
- كوب جوز محمص ومقطع ناعما
- 16 شريحة من خبز القمح الكامل
- 16 غصن جرجير صغير
- 6 ملاعق كبيرة زبدة

تعليمات:
a) بالتساوي ، قسّم الجبن والجوز على مربعات الخبز الثمانية.
b) فوق مع 2 غصن الجرجير لكل منهما.
c) يتبل بالفلفل ويغطى بقطع الخبز المتبقية ، ليصبح المجموع 8 سندويشات.
d) في مقلاة كبيرة غير لاصقة ، ذوبي 3 ملاعق كبيرة من الزبدة.
e) اشوي لمدة 4 دقائق لكل جانب.
f) قطع السندويشات قطريا. انقله إلى أطباق التقديم.

78. <u>تفاح مشوي على فطائر العجين المخمر</u>

يجعل: 2 حصص

مكونات:

- 1 تفاحة حمراء صغيرة لذيذة
- نصف كوب جبن قريش
- 3 ملاعق كبيرة بصل أرجواني مقطع ناعم
- 2 فطيرة انجليزية من العجين المخمر ، مقسمة ومحمصة
- ربع كوب جبنة زرقاء مفتتة

تعليمات:

a) في وعاء صغير ، اخلطي الجبن والبصل وقلبي جيداً.

b) على كل نصف مافن ، وزعي حوالي 2 ملعقة صغيرة من خليط الجبن القريش.

c) ضع حلقة تفاح واحدة فوق كل كوب مافن. رشي الجبن الأزرق المفتت بالتساوي على حلقات التفاح.

d) ضعه في صينية خبز وشوي لمدة 1-12 دقيقة ، أو حتى يذوب الجبن الأزرق ، على بعد 3 بوصات من اللهب.

79. جبن فلفل مشوي

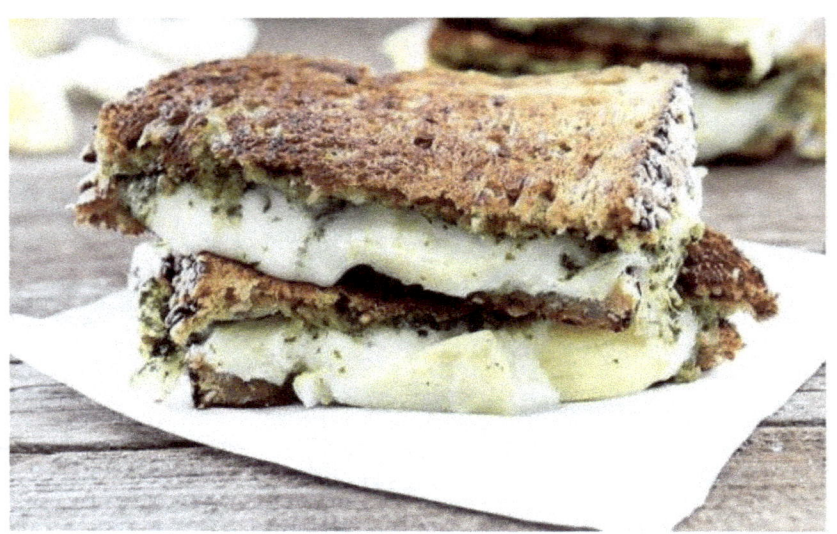

يجعل: 1 حصة

مكونات:

- 6 شرائح خبز
- 3 شرائح جبن سميكة
- ½ ملعقة صغيرة فلفل أحمر مجروش
- ملح للتذوق
- كتلة من الزبدة

تعليمات:

a) ضعي الجبن على ثلاث قطع خبز.
b) يُوزّع الفلفل الحار على الوجه ويُغطّى بقطعة الخبز الثانية.
c) اشويها على الفحم الساخن

تايولد

80. كاسترد بيض برتقال مشوي

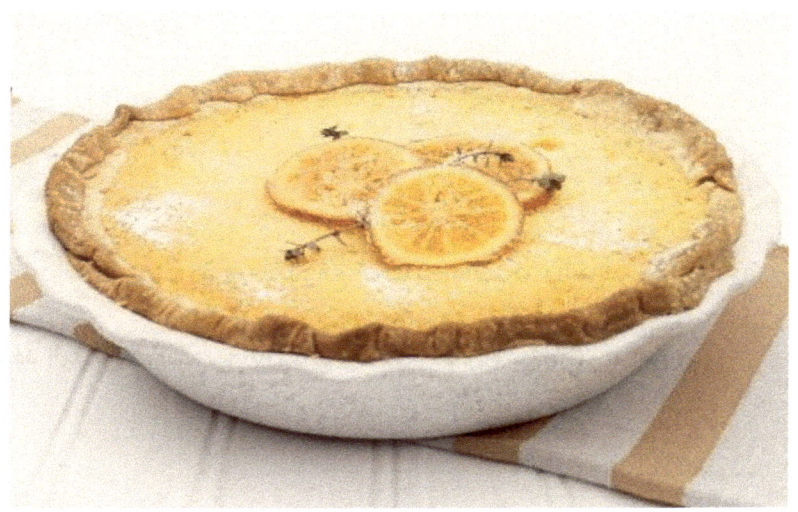

مكونات:

- 1 برتقال أو جريب فروت
- 1 بيضة كبيرة
- 2 ملعقة كبيرة حليب
- سكر وقرفة حسب الرغبة

تعليمات:

a) **اخفقي بياض البيض بشوكة في طبق مع الحليب والسكر والقرفة ، لكن لا تفرطي في الخلط.**

b) **ضعي خليط البيض في الكوب البرتقالي وضعيه فوق مسند شواء امبرز.**

81. بودنغ سوجي وشواية الفاكهة

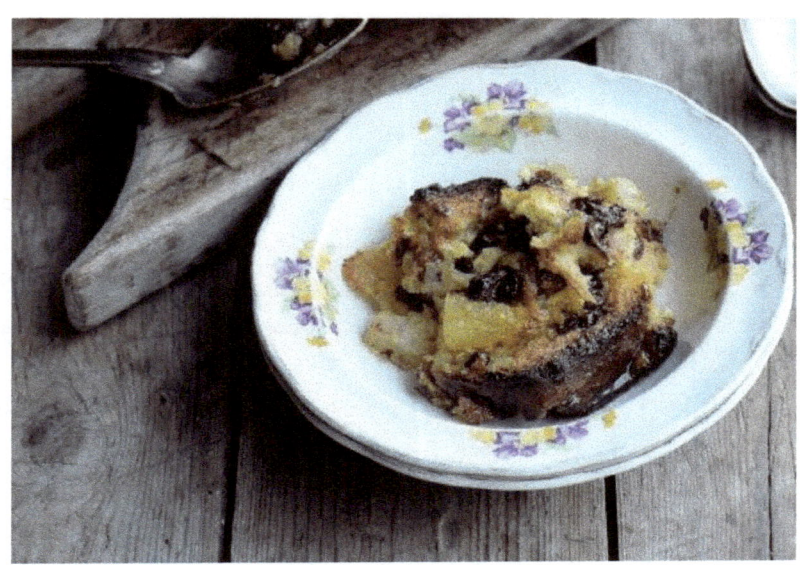

يجعل: 4 حصص

مكونات:

- 1 ملعقة كبيرة سمن نباتي
- ^{1}ربع كوب كاجو مشوي غير مملح
- ^{1}ربع كوب زبيب ذهبي
- 1 كوب سوجي
- ^{1}نصف كوب سكر
- 11⁄2 كوب أناناس ، مانجو ، أو عصير عنب أبيض
- ^{1}ربع كوب من قطع الأناناس
- ^{1}4 ملعقة صغيرة هيل مطحون

تعليمات:

a) سخني المارجرين في مقلاة متوسطة على نار خفيفة.
b) نخب الكاجو والزبيب والسوجي حتى تفوح رائحته لمدة 5 دقائق مع التحريك بانتظام.
c) استمر في الغليان مع التحريك باستمرار بعد إضافة السكر وعصير الأناناس.
d) اطهيه لبضع دقائق أطول حتى يتشكل بودنغ كثيف ، ثم أضيفي قطع الأناناس والهيل.
e) قسّم البودينغ بالتساوي على أربعة أطباق صغيرة للتقديم.

82. كعكة الباوند المشوية سمورز

يجعل: 4 حصص

مكونات:
- 1 كوب فتات شوكولاتة نصف حلوة
- 10.75 أونصة باوند كيك مجمدة مذابة
- 1 كوب كريمة الخطمي
- مثلجات الفانيليا

تعليمات:

a) قطعي الكيك أفقيًا إلى ثلاث طبقات.

b) انشر 2/1 كوب من كريمة الخطمي ونصف اللقمة على الطبقة السفلية على ورقة كبيرة من ورق الألمنيوم شديد التحمل.

c) لضمان إحكام الغلق ، قم بتداخل حواف الرقاقة.

d) تُشوى لمدة 7-20 دقيقة على نار خفيفة بدون غطاء للشواية.

83. كعكة الجزر المشوية

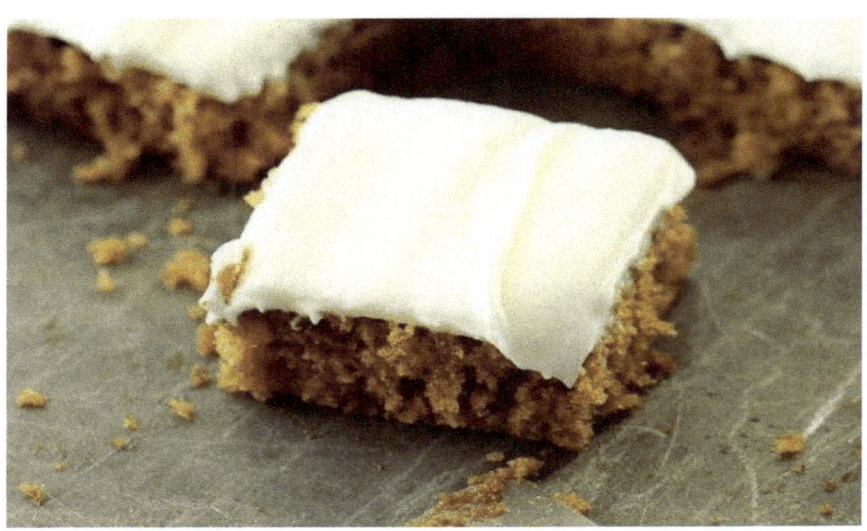

يصنع: 2 رغيف

مكونات:
- 2 كوب طحين لجميع الأغراض
- 4 بيضات
- 2 كوب سكر
- 1¼ كوب زيت نباتي
- نصف كوب زبدة طرية
- 2 ملاعق صغيرة من صودا الخبز
- 2 ملاعق صغيرة قرفة مطحونة
- نصف ملعقة صغيرة ملح
- 3 أكواب جزر مبشور
- 2 ملعقة شاي مسحوق الخبز
- كوب مكسرات ، مقطعة إلى مكعبات
- 1 ملعقة صغيرة فانيليا
- 16 أونصة سكر بودرة ، منخول
- 8 أونصات من جبنة الكريمة المخفوقة

تعليمات:
a) سخن الشواية على درجة حرارة عالية.
b) في هذه الأثناء ، اخفقي البيض ثم أضيفي السكر والزيت جيدًا.
c) أضيفي الدقيق والمكونات الجافة ، والبيكنج بودر ، وصودا الخبز ، والقرفة ، والملح.
d) يُضاف الجزر المبشور ، وشرائح المكسرات ، ومستخلص الفانيليا.
e) املأ صينيتين رغيف مدهون بالزبدة بالخليط.
f) ضعي صواني الرغيف على جانب الشواية واطهيها لمدة 40 دقيقة.
g) في وعاء خلط صغير ، اخلطي الجبن الطري والزبدة الطرية معًا حتى تصبح رغوية. أضف خلاصة الفانيليا. يُمزج السكر البودرة تدريجياً حتى يصبح ناعمًا.
h) تبرد كعكة الجزر قبل الزينة.

84. كعك البطاطس على الشواية

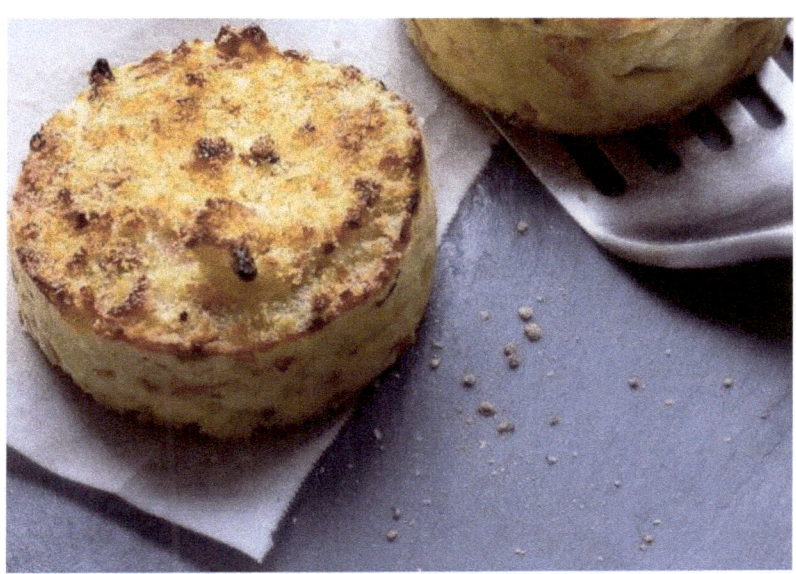

يجعل: 100 حصة

مكونات:

- 2 جالون من الماء الغليان
- 1½ كوب زبدة
- 12 بيضة
- 2½ كوب حليب
- 3¼ ليتر بطاطس
- 1 رطل طحين
- 2 ملاعق كبيرة ملح

تعليمات:

a) امزج البطاطس مع الحليب. ضعه جانبا

b) في وعاء الخلط ، اخلطي الماء ، الزبدة أو السمن ، الملح والفلفل.

c) باستخدام مضرب سلكي ، أضف مزيج البطاطس والحليب على الفور إلى السائل بسرعة منخفضة ؛ امزج لمدة 12 دقيقة.

d) اخلطي البيض مع الخفق بسرعة معتدلة

e) يُنقع الكيك في دقيق منخول لجميع الأغراض.

f) تُشوى لمدة 3 إلى 4 دقائق لكل جانب على صينية مدهونة جيدًا بالدهن 375 درجة فهرنهايت ، أو حتى يصبح لونها بنياً ذهبياً.

85. <u>كعك الأرز المشوي</u>

يجعل: 4 حصص

مكونات:
- 2½ كوب ماء
- ملح
- 1½ كوب أرز قصير الحبة مطبوخ
- 1 ملعقة كبيرة خل أرز متبل أو خل شيري

تعليمات:
a) اخفقي خل الأرز مع الأرز المطبوخ.
b) املئي قالب كعك دائري أو دائري مقاس 9 إنش مدهون بقليل من خليط الأرز.
c) اضغطي على الأرز بالتساوي في المقلاة بنخيل رطبة أو مزيتة قليلاً. ضعه في الثلاجة حتى يصبح صعبًا.
d) تحضير الشواية.
e) قطّع مجموعة الأرز إلى 12 شكلًا متساويًا باستخدام لوح التقطيع.
f) ادهني الشواية بالزيت برفق قبل إضافة كعك الأرز.
g) يُطهى لمدة دقيقة إلى دقيقتين حتى يصبح ملونًا جيدًا ، ثم يُقلب ويُشوى لمدة دقيقة إلى دقيقتين أخرى. تخدم على الفور.

86. شورت كيك الخوخ

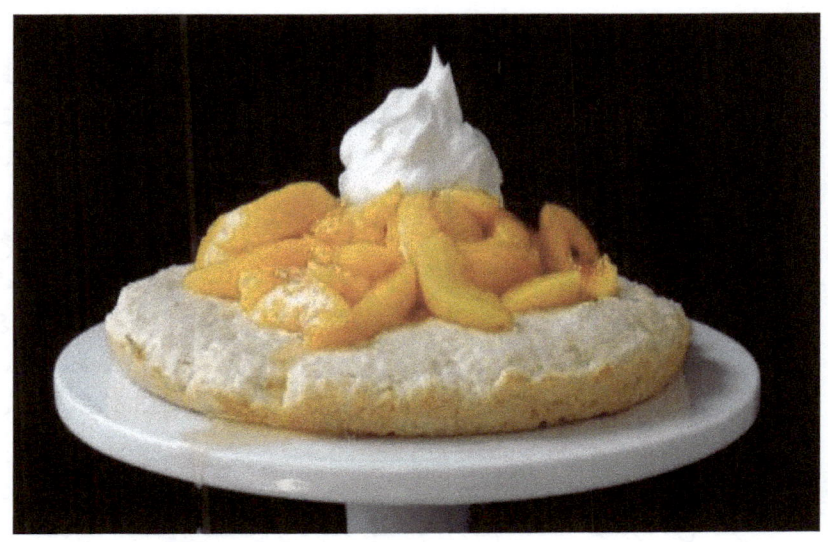

يصنع: 9 حصص

مكونات:

- 2 ملعقة كبيرة عسل
- 1 ملعقة كبيرة زبدة ذائبة
- 4/1 ملعقة صغيرة قرفة
- 2 موز ناضج متوسط
- 2 خوخ ناضج متوسط
- 2/1 كعكة 11 أوقية ، مقطعة إلى شرائح 4/3 بوصة
- 2/1 8 أونصات خفق بارد ، مذاب
- 4/1 ملعقة صغيرة قرفة
- اندفاعة من جوزة الطيب

تعليمات:

a) في وعاء صغير ، اخلطي العسل والزبدة المذابة وربع ملعقة صغيرة من القرفة.
b) يُطهى لمدة 8-10 دقائق على رف شواء على نار متوسطة مع التحريك المستمر.
c) تُسكب الفاكهة الدافئة فوق الكعكة.
d) امزج الثلاثة المتبقيةمكوناتوملعقة فوقها.

87. كعكة القرفة

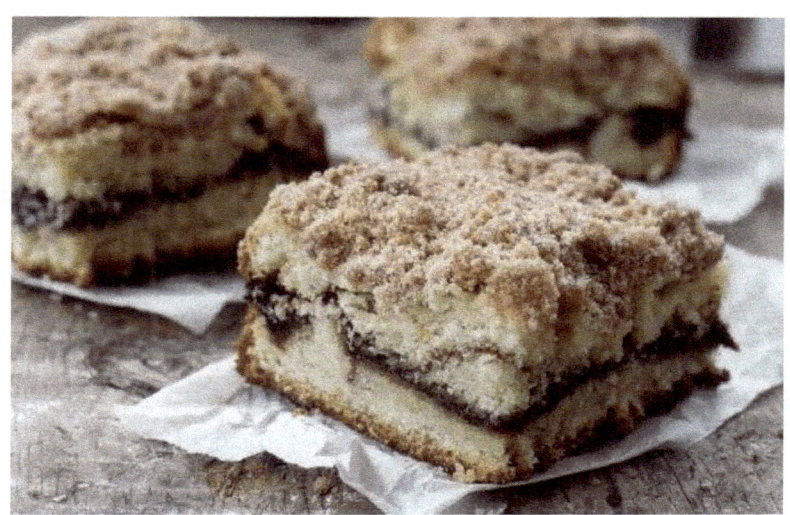

يجعل: 4 حصص

مكونات:

- 2 ملاعق كبيرة زبدة أو سمن
- 1 كوب خلطة بسكويت
- 3/1 كوب حليب مبخر غير مخفف
- 1 ملعقة طعام. سكر القرفة الجاهز

تعليمات:

a) نقطع الزبدة إلى قطع صغيرة ونرشها فوق مزيج البسكويت في طبق متوسط الحجم. قلبي برفق باستخدام شوكة حتى تتغطى الزبدة بشكل متساوٍ.

b) قلبيها بشوكة حتى تتبلل قليلاً ، ثم اسكبي الحليب ومزيج القرفة والسكر.

c) توضع العجينة على صينية مدهونة بالزيت.

d) ربّت على صينية الخبز بالتساوي بيديك مرشوشتين بالدقيق.

e) يُطهى ويُغطى ويُطهى لمدة 12 إلى 15 دقيقة على نار خفيفة جدًا.

88. إسكافي الخوخ

يجعل: 9 حصص

مكونات:

- 1 علبة خليط الكيك الأصفر 12 أوقية
- 7 فوق
- 2 كيس خوخ مجمد
- 4/3 كوب مزيج القرفة والسكر
- 3 أونصات عسل

تعليمات:

a) سخن المدخن إلى 280 درجة فهرنهايت.
b) يُمزج خليط الكيك الأصفر مع سفن آب في وعاء كبير.
c) اسكب الفاكهة المجمدة في قاع صينية أو صينية رقائق 9 × 11.
d) يرش بالعسل ثم بمزيج القرفة والسكر.
e) دخن لمدة 3-4 ساعات أو حتى يتم إدخال عود أسنان في المنتصف ويخرج نظيفًا.

89. هايز ستريت جريل مشمش مقرمش

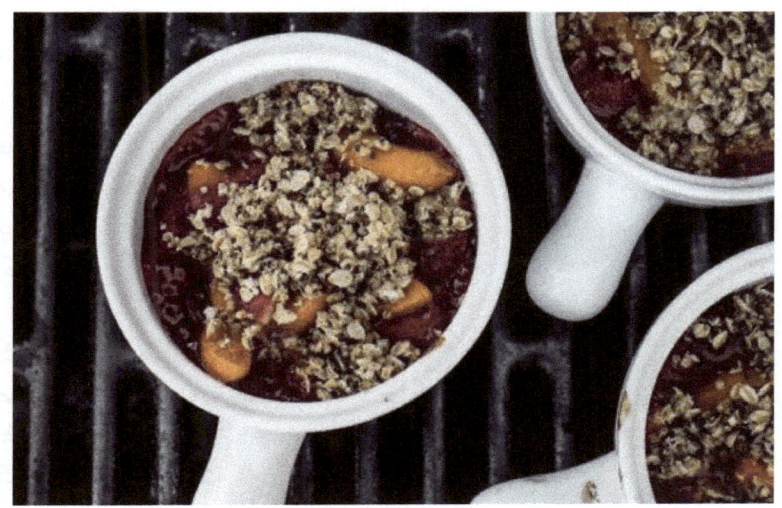

يجعل: 4 حصص

مكونات:

● 1 كوب دقيق لجميع الأغراض
● 4 أكواب مشمش نصفين منزوع النواة
● عصير 1 ليمونة
● 1 كوب سكر بني
● رشة ملح
● 6 ملاعق كبيرة من السكر الحبيبي
● 1 ملعقة صغيرة قرفة مطحونة
● كريمة مخفوقة بهدوء
● 8 ملاعق كبيرة زبدة ، مكعبات

تعليمات:

a) سخن الشواية إلى 375 درجة فهرنهايت.
b) دهن صينية الفطيرة بالزبدة.
c) امزج الفاكهة مع عصير الليمون والسكر الحبيبي. املأ طبق الخبز بالخليط.
d) في وعاء للخلط ، يُمزج الدقيق والزبدة المتبقية والسكر البني والملح والقرفة.
e) افركي المزيج بأطراف أصابعك حتى يتفتت. انسكب كل الفاكهة.
f) تُشوى لمدة 35 إلى 45 دقيقة ، حتى تنفجر الفاكهة حول الحواف وتحمر من الأعلى.
g) يُترك ليبرد إلى حد ما قبل التقديم مع الكريمة المخفوقة أو كريم فريش أو الآيس كريم.

90. تارت الباذنجان المشوي

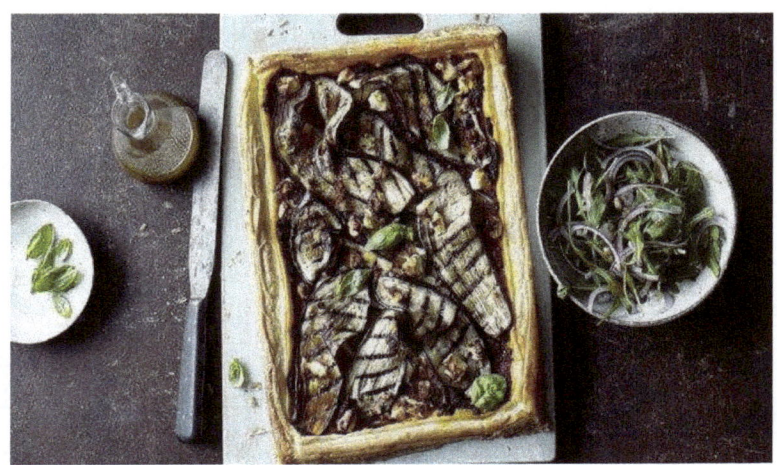

يجعل: 8 حصص

مكونات:

- رذاذ الطبخ
- 1 باذنجان كبير مقطّع إلى شرائح
- 6 بطاطس كبيرة مجزأة
- 6 فطر بورتابيلا كبير
- زيت الزيتون للدهن
- 1 بصلة مفرومة
- 1 ملعقة طعام زيت زيتون لفتات الخبز
- ملح وفلفل
- ربع كوب بقدونس مكعبات
- ربع كوب ريحان جوليان
- 1 ملعقة صغيرة زعتر طازج
- 1 كوب فتات خبز طازج
- 1 ملعقة طعام زيت زيتون
- 1 ساق الكرفس مفروم
- 4 طماطم كبيرة البذور والمكعبات الخشنة
- ربع كوب جزر مبشور
- 1 ملعقة صغيرة عصير ليمون طازج
- 2 ملاعق صغيرة من البقدونس الطازج. مكعبات
- ربع كوب جبن بارميزان طازج مبشور

196

تعليمات:

a) لتحضير المذاق ، سخني الزيت في قدر متوسط غير نشط.

b) يُطهى لمدة 3 دقائق على نار متوسطة مع البصل والكرفس.

c) تُمزج الطماطم والجزر والزعتر ، ثم تُتبّل بالملح والفلفل.

d) اطبخ المذاق برفق حتى يتبخر السائل في الغالب. اخفقي البقدونس وعصير الليمون.

e) رش رف الشواية جيدًا.

f) سخن الشواية على حرارة متوسطة إلى عالية.

g) رشي الباذنجان والبطاطس والفطر بزيت الزيتون.

h) قم بتغطية صينية الكيك مقاس 9 بوصات أو قالب التورتة برذاذ الطهي.

i) اشوي جميع الخضار حتى تنضج تمامًا وتنضج على الجانبين.

j) ضعي طبقة من الباذنجان والبطاطا والفطر في الفطيرة أو مقلاة التورتة ورشي بعض البقدونس والريحان والجبن المبشور بين كل طبقة من الخضار.

k) سخني 3 ملاعق كبيرة من زيت الزيتون في مقلاة صغيرة على نار معتدلة إلى عالية حتى يسخن. اقلي فتات الخبز حتى يصبح لونها بنياً ذهبياً. يجب رش فتات الخبز على التارت.

l) قدميه مع القليل من طعم الطماطم تحت كل قطعة على الفور.

91. <u>رم الموز مثلجات على جريل</u>

يجعل: 4 حصص

مكونات:

● 2/1 كوب بالإضافة إلى 1 ملعقة كبيرة شراب القيقب
● 1½ ملعقة كبيرة رم غامق
● 1 ملعقة كبيرة زبدة ذائبة غير مملحة
● 4 موز ناضجة لكنها صلبة
● 1 لتر زبادي فانيليا مثلج
● نصف ملعقة صغيرة من جوزة الطيب المطحون حديثاً

تعليمات:
a) تحضير الشواء.
b) في قدر صغير ، اخلطي شراب القيقب والروم.
c) صب الزبدة المذابة.
d) ادهني أو افركي شراب القيقب ومزيج الزبدة على الموز.
e) اشوي الموز لمدة 3 إلى 5 دقائق ، مع التقليب مرة أو مرتين باستخدام ملعقة ، حتى يتحول لونه إلى اللون البني ويصبح طريًا ولكن ليس طريًا.
f) في قدر صغير ضعيها بالقرب من الجمر ، وسخني ما تبقى من شراب القيقب ومزيج الروم بينما يشوي الموز.
g) املأ أطباق الحلوى في منتصف الطريق بالزبادي المجمد. ضع أنصاف الموز المقطعة على شكل أرباع فوق الزبادي المجمد.
h) صب الصلصة الحارة فوقها.

92. موز مشوي

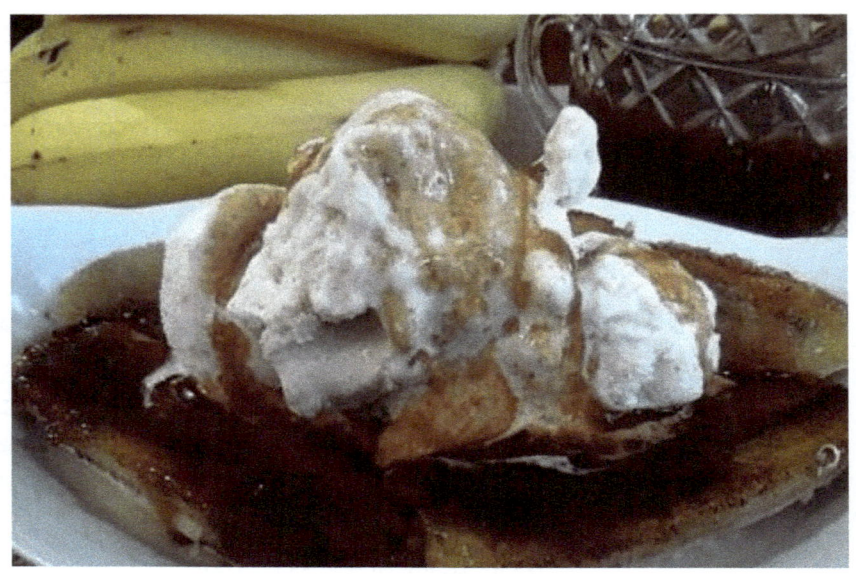

يجعل: 4 حصص

مكونات:

- 6 أونصات شوكولاتة شبه حلوة ؛ مكعبات
- 6 ملاعق كبيرة كريمة ثقيلة
- 2 ملاعق كبيرة كحلوا
- نصف كوب سكر
- 1 كوب ماء حار
- 4 موزة ناضجة
- 1 لتر آيس كريم زنجبيل

تعليمات:

a) في غلاية مزدوجة ، تذوب الشوكولاتة والكريمة على نار خفيفة.

b) قلبي حتى تذوب كل الشوكولاتة. صب Kahlua في.

c) في قدر على نار متوسطة ، ذوبي السكر مع التحريك المتكرر ثم رشيه في الماء.

d) يُغلى المزيج مع التحريك باستمرار بملعقة معدنية حتى يذوب السكر بالكامل وتتسمك الصلصة.

e) تُرفع الصلصة عن النار وتوضع جانباً.

f) ضع الموز على الشواية بعد تقطيعه بالطول.

g) اشوي الجانب المقسم لأسفل لمدة 4 دقائق ، ثم اقلبه واشويه لمدة 4 دقائق أخرى.

f) ضع نصفين من الموز في كل طبق مبرد. يُسكب الآيس كريم بين نصفي الموز ويُسكب عليه صوص الشوكولاتة والكراميل.

93. <u>موز مشوي مع ايس كريم</u>

يجعل: 1 حصة

مكونات:

- 2 موز ناضج
- عصا زبدة غير مملحة مذابة ومبردة
- 3 ملاعق كبيرة سكر بني
- ¼ رطل شوكولاتة مقطعة مكعبات
- نصف ملعقة صغيرة قرفة
- مثلجات الفانيليا

تعليمات:

a) سخن مقلاة الشواء.

b) قم بتقطيع الموز إلى النصف بالطول بعد تقشيره.

c) قلّبي الزبدة والسكر البني معًا في مقلاة خبز ضحلة ، ثم أضيفي الموز واخلطيها برفق حتى تتغطى.

d) باستخدام ملعقة معدنية ، انقل الموز إلى مقلاة شواء مدهونة بالزيت وسخنه حتى ينضج وينضج بالكامل ، حوالي دقيقتين لكل جانب.

e) تذوب مكعبات الشوكولاتة والقرفة على نار هادئة مع التحريك باستمرار.

f) قدمي الموز مع الآيس كريم وصوص الشوكولاتة المذابة.

94. إجاص مسلوق و مشوي

يجعل: 4 حصص

مكونات:
- 11/2 كوب عصير توت بري
- 1 حصةصلصة الشوكولا
- 1 كوب سكر
- 2 ملاعق صغيرة من خلاصة الفانيليا النقية
- 2 كمثرى
- 2 بولة آيس كريم فانيليا نباتي
- أغصان النعناع للتزيين

تعليمات:
a) سخن الشواية على 400 درجة.
b) في قدر ، يُمزج عصير التوت البري مع السكر ويُغلى لمدة 7 دقائق.
c) يرفع عن النار ويقلب مع خلاصة الفانيليا.
d) باستخدام كرة البطيخ ، قم بإزالة قلب الكمثرى وضعها في المقلاة الجاهزة. قم بتدوير الكمثرى في شراب التوت البري لتغطيتها.
e) تُشوى لمدة 30 دقيقة ، أو حتى تنضج دون أن تتفتت.
f) تُرفع الشواية وتُترك جانباً لتبرد وتصل إلى درجة حرارة الغرفة.
g) ضع نصفين من الكمثرى على كل من 4 أطباق حلويات مبردة عندما تصبح جاهزًا للتقديم ، واسكب أي شراب متبقي على الكمثرى بالملعقة.
h) ضع ملعقة آيس كريم على كل طبق.

95. ميلبا خوخ مشوي

يجعل: 4 حصص

مكونات:
● 1 كوب من توت العليق الطازج
● 2 كوب ماء
● 1 خوخ ناضج
● 11/2 كوب سكر
● 2 بولة آيس كريم فانيليا نباتي
● 1 ملعقة كبيرة لوز محمص مقطع
● 2 ملاعق كبيرة بالإضافة إلى 1 ملعقة صغيرة من عصير الليمون

تعليمات:
a) في قدر على نار عالية ، يُغلى الماء ، ثم يُضاف الخوخ.
b) بعد 30 ثانية ، خففي النار واستخلصي الخوخ.
c) أضف 1 كوب سكر و 2 ملاعق كبيرة من عصير الليمون إلى الماء الساخن وحركه حتى يذوب السكر.
d) قشر الخوخ وأزل القشرة واطبخه لمدة 8 دقائق أخرى في الماء المغلي. صفي الخوخ ثم ضعيه في حفرة وقطعه إلى شرائح. ضعه جانبا.
e) يُمزج التوت مع السكر المتبقي في قدر صغيرة ويُسخن على نار متوسطة. سحق التوت بظهر الملعقة ولفه ليذوب السكر.
f) اضغط على التوت من خلال غربال ناعم في طبق. تخلط مع 1 ملعقة صغيرة متبقية من عصير الليمون.
g) يُسكب الآيس كريم النباتي في أوعية حلوى شفافة ويُزين بقطع الخوخ.
h) قدميها مع رشة من صلصة توت العليق وقليل من اللوز.

96. <u>طبق فواكه آسيوي فلافورز</u>

يصنع: 4 إلى 6 حصص

مكونات:

- علبة 8 أونصات من الليتشي معبأة في شراب
- عصير 1 ليمونة
- 1 ملعقة صغيرة من قشر الليمون الحامض
- 2 ملاعق صغيرة سكر
- [1]ربع كوب ماء
- 1 مانجو ناضجة ، مقشرة ، منزوعة النوى ، ومقطعة إلى مكعبات بحجم 12 بوصة
- 1 كمثرى آسيوية ، منزوعة البذور ومقطعة إلى مكعبات بحجم 12 بوصة
- 2 موز مقشر ومقطع إلى شرائح بحجم 1/4 بوصة
- 1 كيوي مقشر ومقطّع إلى شرائح بحجم 14 إنش
- 1 ملعقة كبيرة فول سوداني مشوي ومهروس وغير مملح

تعليمات:

a) ضعي شراب الليتشي في قدر صغير.

b) سخني شراب الليتشي بعصير الليمون والقشر وكذلك السكر والماء على نار خفيفة حتى يذوب السكر. يُغلى المزيج ، ثم يُرفع عن النار. السماح بالتبريد.

c) أضف المانجو والكمثرى والموز وفاكهة الكيوي إلى الطبق الذي يحتوي على الليتشي.

d) قدميه مع القليل من القطر المحفوظ وحفنة من الفول السوداني.

97. آيس كريم كريب

يجعل: 4 حصص

مكونات:

- 11/2 باينت آيس كريم فانيليا نباتي ، طري
- كريب حلوى نباتية
- 2 ملاعق كبيرة من السمن النباتي
- 1/4 سكر حلواني
- [1]ربع كوب عصير برتقال طازج
- 1 ملعقة كبيرة عصير ليمون طازج
- 4[1] كوب غراند مارنييه أو مشروب ليكيور آخر بنكهة البرتقال

تعليمات:

a) ضعي ربع كمية الآيس كريم من النهاية إلى النهاية على قطعة من غلاف بلاستيكي ، ولفيها ولفيها في سجل بيديك.

b) يجب أن يتم لف كل قطعة من قطع الآيس كريم في كريب.

c) بعد ملء الكريب ، ضعيهم في الفريزر لمدة 30 دقيقة حتى يتماسكوا.

d) نذوب المارجرين في صينية صغيرة على نار متوسطة. صب السكر. أضف عصير البرتقال وعصير الليمون وجراند مارنييه.

e) اشويها لمدة دقيقتين أو حتى يتبخر معظم الكحول.

f) للتقديم ، رتب الكريب المحشو على أطباق الحلوى ورشهم ببعض صلصة البرتقال.

98. <u>البقان والكمثرى غراتين</u>

يصنع: 4 إلى 6 حصص

مكونات:
- الكمثرى الناضجة الطازجة ، مقشرة ومنزوعة البذور
- 1/2 كوب توت بري مجفف محلى
- 1/2 كوب سكر
- 1/2 ملعقة صغيرة من الزنجبيل المطحون
- 1 ملعقة كبيرة نشا ذرة
- 1/4 كوب حليب صويا سادة أو فانيليا
- 2/3 كوب جوز أمريكي مقطع إلى مكعبات خشنة
- 1/4 كوب سمن نباتي

تعليمات:
a) سخني الشواية إلى 400 درجة فهرنهايت.
b) دهن طبق غراتان بقليل من الدهون.
c) افرد الكمثرى في الطبق الجاهز.
d) اخلطي التوت البري والسكر والزنجبيل ونشا الذرة.
e) يُضاف حليب الصويا ويُقطّع بالسمن ويُرشّ بالجوز.
f) اشويها لمدة 20 دقيقة ، أو حتى تتشكل فقاعات في المنتصف.

99. <u>سبليت موز مشوي</u>

يجعل: 6

مكونات:
- 2/1 كوب زبدة مذابة
- نصف كوب سكر بني فاتح معبأ
- 6 ثمرات موز ، مقطعة بالطول
- 1 لتر آيس كريم فانيليا
- 1 كوب حلوى فدج ساخنة ، دافئة

تعليمات:
a) سخن الشواية على حرارة متوسطة إلى عالية.
b) يُمزج الزبدة والسكر البني في طبق خبز مقاس 9 × 13 بوصة ويقلب جيدًا.
c) ادهني الموز بمزيج الزبدة لتغطيته بالكامل.
d) يُطهى لمدة 4 إلى 6 دقائق ، أو حتى تبدأ الحواف في الغليان ، ويكون الجانب المسطح لأسفل على الشواية ؛ اقلبها بالملعقة واطبخها لمدة 2 إلى 3 دقائق أخرى ، أو حتى تحمر بلطف.
e) ضعي قطعتين من الموز المطبوخ في كل من الأطباق الستة ، وزعي فوقها الآيس كريم ورشيها بالفدج الساخن.
f) تخدم على الفور.

100. كاسترد تشيلي محمص

يجعل: 4 حصص

مكونات:
- 2 بيض كبير
- 2 صفار بيض كبير
- نصف كوب سكر بني
- 2 ملاعق كبيرة سكر بني
- نصف ملعقة صغيرة ملح
- 2 كوب كريمة ثقيلة
- نصف ملعقة صغيرة فانيليا
- 2 ملاعق صغيرة تشيلي دي أربول ، بودرة محمصة

تعليمات:
a) سخني الشواية إلى 300 درجة فهرنهايت.
b) اخفقي البيض وصفار البيض والسكر البني والملح.
c) تحرق الكريمة والفانيليا في قدر على نار متوسطة ؛ ازالة من الحرارة ؛ اخفقي في خليط البيض حتى تصبح ناعمة. يُعاد إلى الكريمة في قدر ويُترك على نار خفيفة حتى يغطي الكاسترد ظهر الملعقة ؛ ازالة من الحرارة.
d) املأ السلطانيات بالكاسترد ؛ ضعيها في المقلاة وضعيها على الشواية.
e) املأ كمية كافية من الماء لتصل إلى ثلثي حواف السلطانيات ؛ اشويها حتى تنضج لمدة 3 ساعات.
f) للتقديم ، يرش مسحوق الفلفل الحار فوق كل كاسترد ، ثم يُغطى بالسكر البني المنخول ويُشوى حتى يذوب السكر دون أن يتحول إلى اللون البني.

ةمتاخ

تهانينا! لقد وصلت إلى نهاية كتاب الطبخ الأخضر للشواء. نأمل أن يكون كتاب الطبخ هذا قد ألهمك لاستكشاف الشواء الصديق للبيئة وتجربة وصفات جديدة ولذيذة على شوايتك. نعتقد أن الطبخ المستدام ليس مفيدًا لكوكبنا فحسب ، بل لصحتك ورفاهيتك أيضًا.

من خلال اختيار المكونات المستدامة واستخدام ممارسات الشواء الصديقة للبيئة ، يمكنك تقليل بصمتك الكربونية وإعداد وجبات لذيذة وصحية تشعر بالرضا عنها. لقد حاولنا أن نجعل كتاب الطبخ هذا شاملاً قدر الإمكان ، مع وصفات مفصلة ، ونصائح حول الشواء المستدام ، ومعلومات حول تقليل النفايات.

نأمل أن يساعدك كتاب الطبخ الأخضر للشواء على اكتساب الثقة في الشواء الصديق للبيئة وأنك ستستمر في استكشاف نكهات وتقنيات جديدة. شكرًا لانضمامك إلينا في رحلة الطهي هذه ، ونأمل أن تشارك إبداعاتك معنا ومع أحبائك. استجواب سعيد!